玩转社群

WAN ZHUAN SHE QUN

王鼎钧　著

中国财富出版社

图书在版编目（CIP）数据

玩转社群／王鼎钧著．—北京：中国财富出版社，2017.11
ISBN 978－7－5047－3658－1

Ⅰ．①玩…　Ⅱ．①王…　Ⅲ．①网络营销　Ⅳ．①F713.365.2

中国版本图书馆 CIP 数据核字（2017）第 270001 号

策划编辑　谢晓绚　　**责任编辑**　张冬梅　周　畅
责任印制　梁　凡　　**责任校对**　孙会香　卓闪闪　　**责任发行**　董　倩

出版发行　中国财富出版社
社　　址　北京市丰台区南四环西路 188 号 5 区20 楼　　**邮政编码**　100070
电　　话　010－52227588 转 2048/2028（发行部）010－52227588 转 307（总编室）
010－68589540（读者服务部）　010－52227588 转 305（质检部）
网　　址　http://www.cfpress.com.cn
经　　销　新华书店
印　　刷　北京京都六环印刷厂
书　　号　ISBN 978－7－5047－3658－1/F·2838
开　　本　710mm×1000mm　1/16　　**版　　次**　2018 年 1 月第 1 版
印　　张　11.25　　**印　　次**　2018 年 1 月第 1 次印刷
字　　数　150 千字　　**定　　价**　38.00 元

您有二十一个非买本书不可的理由

第一，社群是互联网经济形态的新趋势，作为有追求的您，不能与趋势为敌。

第二，本书能有效减少您认知社群及摸索社群运营规则的时间。

第三，对社群的深入了解，会极大丰富和方便您的生活，提升生命效率，使您捕捉到商机。

第四，本书是创业者的首选，不懂最先进的营销工具和方式，将在创业道路上步履维艰，因为营销是创业者实现梦想的唯一途径。

第五，本书是“社群运营师”培训教材。

第六，这是一本畅销书。

第七，本书是笔者花重金学习实践网络营销后，用半年以上时间写作修改完成的。

第八，读完本书，您将会对社群有一个完全不同的看法。

第九，本书能让您提前感知到下一个十年商业制胜的关键。

第十，本书中有大量典型的社群运营成功案例，让您运营社群有例可援。

第十一，本书能让您明白社群的本质，从此不再受“忽悠”，在经营中少受损失。

第十二，本书是没有人脉、没有资源、没有背景、想创业的人的最佳读本之一。

第十三，本书会明确地告诉您粉丝经济与社群经济的不同以及社区和社群的区别。

第十四，本书首次揭秘笔者自己举办十余年的东方西点军事夏令营累计招生13000余人、学员遍及全国各地背后社群运营的关键所在。

第十五，本书将启发您利用社群来低成本创业。

第十六，本书将启发您利用社群来高效学习。

第十七，本书将启发您利用社群来众筹。

第十八，您将会学到社群运营的四大关键。

第十九，您将会学到社群运营的六大技巧。

第二十，看完本书，您会明白，选择怎样的社群可以找到您的贵人，让您更受益。

第二十一，您因为购买本书，可以听到我讲的《玩转社群》课程，同时有机会与我的社群经济新项目——蜂族360，产生连接。

前　言

如今，“社群”一词早已不再是20世纪的传统概念，而是融入了更多的互联网味道。当移动互联网将人们高效紧密地连接在一起时，人们心底最原始的“部落情结”被激发出来，以共同价值观或兴趣爱好为基础，即使是陌生人，也可以在网络中凑到一起，各类社群组织因此出现。

可能有些人会说，激活社群的内生力量很容易！殊不知，如果要长期激活社群，就需要付出很多。但依然有人在一个月的时间内，就组建了100多个社群，不论是人数，还是人气，都保持了持续增长。

社群通常分为两种：一种是先有微信群后有产品，另一种是先有产品后有微信群。前者是社群的产品化，后者则是产品的社群化。但不管哪一种情况，都充分展现了社群的深度连接优势。

一个完整的社群，就像是一个社会群体，不仅多样，而且独具包容性。社群中，常见的角色共有三类：内容的生产者、内容的消费者、内容的再组织者。如何才能满足这三类人群的需要？在产品的不同发展阶段，考虑的重点必然会有差异。

如今，社会、人际互动模式、商业模式都悄然发生了改变，变化的速度渐渐加快，变化的幅度也更大。社群经济时代，只将目光投射到物质上，是无法正确理解这个世界的。为了帮读者解答心中的困惑，给读者以引导，我们特意编写了本书。

在创业路上，不仅有各种能人，还有草根；不仅有财力雄厚者，也有很多白手起家的人……不管是哪个群体，要想让自己的企业获得长远发展，都要正确认识和理解社群运营的重要作用。在社群横行的社会，理解社群、熟悉社群、运营社群，你的事业也就成功了一半。

现在的社群，维护难，跨行难。未来的社群，包括社群的商业模式一定会更细化。社群肯定有很多种操作模式，以社群的方式将各类高层次人才、创业者、投资人等聚集在一起，定然能够做更多的事。

在本书中，我们不仅对社群的本质进行了详细讲解，还对品牌社群的运作做了重要解读。相信，定然能够给你提供帮助。

未来，社群具有比较大的想象空间，一定要努力学习，多加尝试。

究竟什么是社群经济，我们可以通过图 0－1 至图 0－5 来说明。

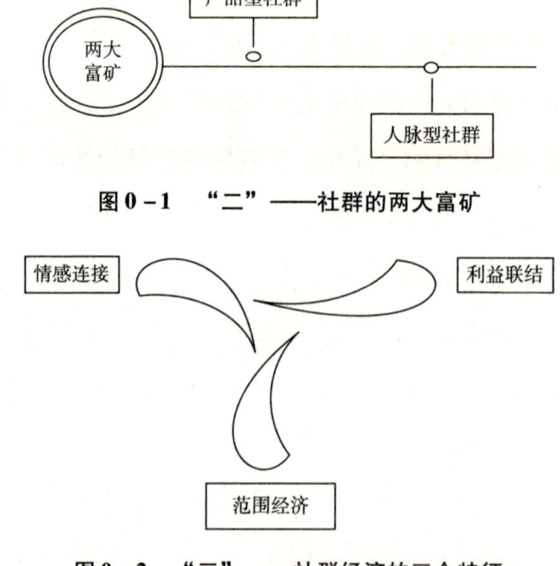

图 0－1　“二”——社群的两大富矿

图 0－2　“三”——社群经济的三个特征

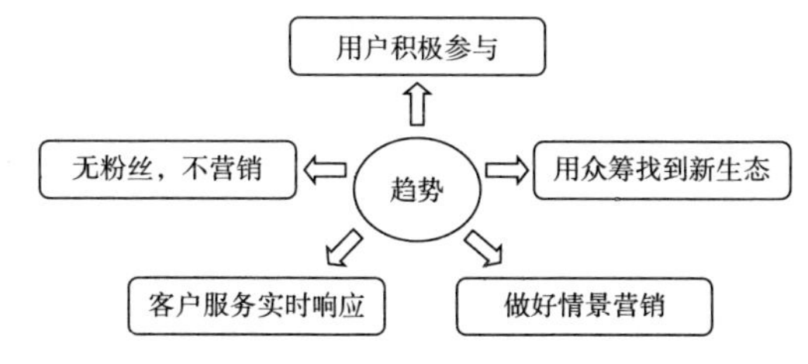

图 0－3 “五”——社群运营的 5 个趋势

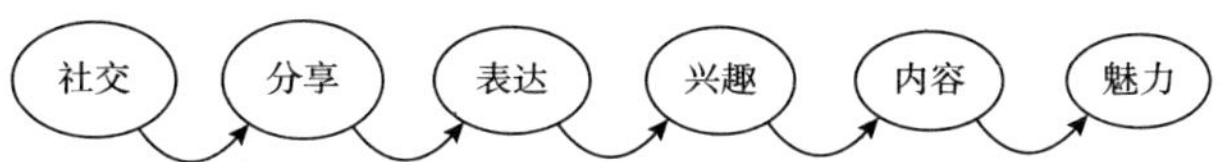

图 0－4 “六”——玩转社群的 6 个关键

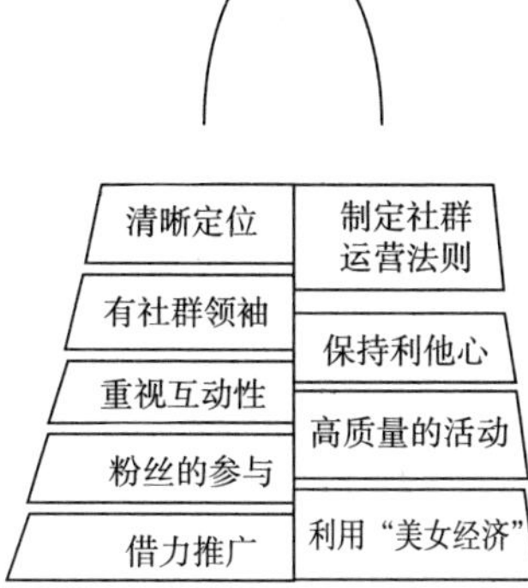

图 0－5 “九”——社群运营的 9 个要点

目　录

第六章 目光长远

第三部分 玩转社群：转识成智 …… 97

第七章 玩转社群

第八章 不断学习

第一部分

发现社群：认清本质

互联网正在把人群分割成一小块一小块的社群，产品如果没有社群粉丝的支持，很难调动社群自身的传播功能。在新商业时代，品牌要学会同社群对接。

——史蒂芬·缪哈尔

第一章
社群是什么
——解读“社群经济”的前世今生

社交会带动群体背后承载的一个平台。这种社交关系搭建的群平台，就是社群。从2015年开始，社群之所以会获得如此迅速的发展，主要原因就在于，以微信为主的社交工具使社群的活跃度大幅提升。要将社群充分利用起来，首先就要对社群的前世今生进行解读。

人类社会的社群发展简述

人类社会的社群发展，主要经历了这样一个过程：

1. 采集社会的社群

原始人茹毛饮血，靠着采集生活。那时候，没有帝国和城邦，甚至在很多区域还没有部落。但是，那时已经出现了最原始的社群，族和族群是最原始的社群形式。

当时，为了满足生存的需要，原始人自觉组成了族群。依赖这样的族群，女人得以顺利生产、抚养婴儿；病人在丧失劳动能力时不至于饿死，或被大自然吞噬。

那时候的社群，也有政治、经济，只不过还没有出现国家，所有的社会关系主要依赖族中长老的威望来平衡。

这种社群关系，在历史上存在的时间很长，或许超过了万年。

2. 城邦社会的社群

当生产关系变得复杂之后，就有了部落和城邦。人与人的需求不再是点对点的单一关系，也不是物与物的交易关系，而是一种复杂的需求网络。

为了应对生产关系的复杂化，群居的人们只能将部落和城邦当作保护伞。但是，其基本单位依然是具有血缘关系的族群。部落和城邦每年都会从族群中收取一定的“税费”，作为保护族群不受外来侵略者的侵扰的费用。

在这一时期，部落和城邦承担的责任主要是保护。而这时的社群，依然要受到政治、经济和法律等的控制。

3. 帝国时代的社群

随着生产关系进一步多样化、社会分工进一步细化，城邦社会的社群权威慢慢被瓦解。如果族群里的人伤人性命、夺人东西、欺负老人、霸占妇女，不仅族长会按照族规对其进行严厉的惩罚，国家还会将他们关进监狱。

帝国时代，社群保留了宗族的众多权利。因为在那个时代，脱离了族群，单个个体是无法获得基本生活条件的，更别说什么人格尊严了。基于帝国的族群，如果女孩和男孩要结婚，还要征得父母的同意，如果双方地位悬殊、理念不同等，最终都可能被拆散。

4. 自由主义时代的社群

自由主义时代，人们崇尚自由。这时候的男女婚恋已经跟父母之间的利益不再挂钩，社群得以以更灵活的方式存在。一次简单的邂逅都可能让男女两人发展成为恋人，直至走进婚姻的殿堂。

人们对情感的需要，让社群的形式变得更丰富。不论是因血缘关系存在的家族，还是依赖于兴趣爱好的社交圈子。同时，一种新型的社群随之诞生。

5. 未来的社群

未来的社群仍然会根据人类需求的变化而发生变化，在剥离了政治、经济、宗教等因素之后，最后可能还会出现剥离人类“想象”而来的情感需求，进而演化为一种融合了各种需求的虚拟存在。

鼎言钧语

互联网时代社群经济开始繁荣，从某种程度上代表着人类的觉醒、价值理性的回归。

社群经济是一种新的商业形态

社群经济是一种新的商业形态和经济系统。在这个系统中，大家兴趣爱好相同、认知水平一致、价值观相似，彼此信任，聚在一起，互动、交流、协作、影响，可以产生巨大的群蜂效应，对产品、品牌的发展造成影响。

移动互联网时代，信息量爆炸，狂轰乱炸的广告营销方式开始过时，这种做法不仅不能有效占领市场，更难以让品牌进入消费者心里。为了让品牌更上一层楼，海尔高层每时每刻都在留意身边的商机。当其敏锐地意识到用户社群是新时代企业品牌生长的“土壤”后，他们发现只有将用户社群做大做强，才能让品牌持续焕发出新的活力。

为了凸显海尔洗衣机的“安静、平稳”等特点，海尔在全国各地进行了主题为“静音行动”的线下体验活动。2016 年 10 月，海尔开展了洗衣机上“立硬币”活动。活动现场，当用户将手边的硬币成功地立在高速运行的海尔洗衣机上时，用户会更加直观地感受到海尔洗衣机的静音效果。这段视频瞬间便在网络上蔓延开来，受众数量呈几何倍数增长。随着参与人数的逐渐增多，演示方式也变得多种多样，先后出现了“凯旋门”“广州塔”和泰国“硬币大皇宫”等造型，“立硬币”活动也从国内走向了世界。

2017 年 2 月，海尔洗衣机的“立硬币”活动走出国门，来到新西兰。同年 2 月 9 日，在高速运转的海尔洗衣机上，5 枚新西兰纽币平稳竖立……这一活动极大地激发了全球用户的参与热情，为各行业社群的建设摸索出一条有效之路。

虽然说，立硬币活动本身的趣味性确实激发了人们参与的热情，但从根本上来说，还是海尔洗衣机给广大消费者带来了安静平稳的极致洗护体验。

这项“接地气”的活动激活了企业发展最重要的因素——用户社群，

为用户提供了一个多向交互的平台。如此，不仅增强了用户主动参与的积极性，还让用户获得了参与体验，从围观者变成了参与者和体验者，这就是海尔洗衣机迭代升级的坚强后盾。

社群建立在信任的基础上，是一种互相交叉的网状关系。对企业来说，要想利用社群，就要努力将客户变成用户、将用户变成粉丝、将粉丝变成朋友，实现客户—用户—粉丝—朋友的过渡。

苹果公司的成功，也验证了这样一个事实。史蒂夫·乔布斯和他的苹果手机，之所以会聚集到众多粉丝，就在于其对众多行业的颠覆和产品极致的用户体验，他成功设计出一个仅靠触摸按钮就可以操作的智能手机，同时通过依托 iOS（苹果公司开发的操作系统）系统，建立了基于用户移动互联体验的平台，吸引了无数天才级的应用开发机构和个人成立的不同社群；用户之间的自我运作，共同分享，自主创造，令 iOS 系统欣欣向荣。

随着微博、微信等社交平台的出现，互联网的作用也日益凸显，企业的成长步伐也逐渐加快，同时也进一步推动了企业变革和品牌再造。社群时代，企业和品牌社群已经成为下一个热潮，社群经济必然会成为对未来造成巨大影响的一种新经济模式。

社群的发展更是遍地开花。除了小米粉丝社群外，无论是做手机的华为、做美甲的河狸家，还是做避孕套的大象、做炖锅的新鲜生活……社群越来越受到互联网企业、明星大咖、各类社会机构和传统企业的青睐。

美甲是女性的习惯性消费项目，其消费频次高、项目多、成本低、回报高，在过去几年中造就了前所未有的行业繁荣。从 Shopping Mall（大型购物中心）到街边小巷，各种档次的美甲店随处可见……在过去，美甲只能去美甲店，可是如今只要下载一个河狸家 App（Application，即手机软件），就能体验上门服务。

借助河狸家平台，工作人员实现了“去中介化”，身份也从打工者变成了手艺人，可以灵活地为客户提供各类服务。

客户通常都会去了解美甲师的手艺，美甲师也会根据客户的偏好用心为每一个客户提供服务。开始的时候，由于不太熟悉，客户通常都会选择一个简单的纯色款式来试试美甲师的手艺，可是随着往来的深入，客户就会尝试美甲师推荐的雕花、彩绘、加钻等款式。虽然这些款式价格高，可是由于顾客信任美甲师，如果尝试后发现确实不错，就会长期使用。

随着美甲师与顾客之间建立的信任越来越强，用户的平均下单量也在稳步提升，河狸家的项目也逐渐从美甲扩展到了美睫、美妆等，促进了整体客单量的快速增长。

2014 年 7 月，河狸家称已获得 B 轮融资，估值为 10 亿元。

应该说，粉丝效应才是河狸家客单量持续攀高的一个深层因素。这就更加充分说明，社群经济既不是一个营销词汇，也不是一个短命的流行语，而是互联网时代的经济学。

社群新经济时代已经来临，社群媒体必然会持续改变企业行销产品的方式，从而改变消费者与企业间的互动。

鼎言钧语

社群经济是一种新的商业形态，只有把营销和品牌运营社群化，将信息、产品和资源共享出去，同时给更多人带来精神享受的商业才会被更多人接受，受更多人欢迎。

社群经济的核心是“人”

社群经济是人本的回归，其核心是“人”。

有个男孩，过6岁生日的时候，身为亿万富豪的爷爷想送他一份礼物，于是就给他划拨了3000万元的成长资金。听完律师的宣布后，男孩并没有显出丝毫的兴奋。

爷爷有些沮丧，对身旁的家庭教师说：“3000万元都买不来我孙子的开心？”

家庭教师转过身，拿出一个价值96元的铅笔盒递给老人，说：“这是他最喜欢的一款铅笔盒，他一直吵着要买。我觉得不值96元，所以一直都不同意买给他。如果是您买给他的，他一定会开心的。”果然，男孩看到铅笔盒的时候，特别兴奋。

生活就是这样，最珍贵的往往很平常。在6岁男孩的眼中，96元和3000万元没有任何区别。铅笔盒是一件很普通的礼物，但这背后所承载的却是多少个3000万元也买不来的珍贵。

同样，对于社群运营来说，品牌、工艺、技术等都仅仅是人类创造性的外延，而了解用户需求、满足用户需求才是体现“人本”的所在。

如今，心理学、语言学等人文学科都在尝试利用更物化的结构主义进行研究和生产。可是，呈现在众人眼前的却是原质化设计带来的拟物化潮流。比如手机的设计，更加追求简单简洁；在社交网络里，减少了硬性广告，大量采用对话式情感营销……所有的这一切都代表了互联网人本主义的回归，而社群经济则是人本回归的最大助力。

“五格货栈”是一家在微信上卖车厘子的电商公司，只要通过“五格货栈”的微信服务号，用户就可以下单购买；之后，商品会由顺丰快递在24小时内发出。

“五格货栈”做的就是粉丝经济，主要通过销售车厘子实现对粉丝的服务。为了将用户变成粉丝，为了让客户重复购买，它为用户提供了全程极致的体验，主要包括三方面：产品端体验、支付端体验和物流端体验。

在产品端中，“五格货栈”会以双倍的价格从合作基地收购同期品质最好的车厘子，之后再进行分拣、淘汰。为了有效减缓车厘子自身的氧化反应，采摘后，工作人员会在第一时间将车厘子储藏到1～3℃低温环境下进行预冷。在运送过程中，“五格货栈”会用泡沫箱作为最外层保护层，泡沫箱内还会放置自己设计的保温盒和密封袋。

在支付端中，其采用的是极简、创新式的体验，服务号中没有多余的按钮，顾客只要五秒钟便可以完成车厘子的订购。

在物流端中，其将所有物流公司的系统进行对接，只要进入系统便能知道物流的进展情况，方便用户随时查看。

为了围绕内容、用户、关系做社区，每个星期“五格货栈”的服务号都会推送一篇关于移动互联网应用实践的文章；同时，为了增加客户情感上的温度，它还在服务号中增加了其他功能……

“五格货栈”的成功告诉我们，如果希望通过“社群经济”来赚钱，对用户的态度就不能是“你爱或是不爱，我就在那里”，要用心为用户服务，贯彻“以人为本”的产品理念。

传统的商业竞争往往是基于商业空间的抢占，企业在商业终端的货架、排面和空间占有率越高，势力也就越强。移动互联网时代，空间已经不重要了，更重要的是用户的时间和心智，抢占了用户的时间和心智，也就有了销量。

随着消费升级时代的到来，吸引消费者的手段已经从10年前的广告转向了口碑推荐和理性判别。消费者已经减少了盲听、盲信、盲从，既不会用知名度来推断美誉度，更不会用知名度来决定忠诚度，他们越来越了解产品的判别标准。

鼎言钧语

社群的运营过程就是在创造价值满足人的需求，需求中比重占得更大的是精神需求，所以真诚是排在第一位的，呼唤出人真正需求的社群，一定会大受欢迎。

社群是商业发展的核心动力

互联网工具的不断更新，为每个品牌提供了与消费者连接的便捷机会。社群将此发挥得更加淋漓尽致，即使是过去不依赖互联网的传统企业，也可以在竞争激烈的商业世界中找到机会。

公司刚刚创立的时候，万科主要销售的是标准化的房屋，销售的主要力量是经过多方培训的业务员。后来，万科逐渐涉足论坛万客会，推行积分制，引导老用户帮公司做口碑营销。

同时，万科还利用微信建设了万科万享会等微信服务平台。人们只要进入这个平台，经过万科确认，都可以成为注册经纪人，一旦了解到身边存在的购房需求，都可以通过万享会向万科推荐，被推荐人一旦成交，万科就会向推荐人支付一笔不菲的佣金。

同时，万科还推出了社区生活 App——“住这儿”，主要面对的用户是万科业主和住户群体。通过“住这儿”，万科打造了一个物业服务、社区交流与商圈服务平台的 O2O（Online to Offline，线上到线下）闭环商业，要想成为会员必须通过住户认证。

通过这款 App，用户不仅可以清晰地掌握所在小区的最新公告，及时了解所在社区的动态，比如停水、停电、维修保养等信息。即使用户不在小区，也能在第一时间了解到小区的动态。而且，对于投诉维修、查询邮包等，物业的响应也会更及时、更透明。

“住这儿”将社区用户的生活服务产品综合到了一起，入住用户只要发起帖子和评论，就可以充分享受邻里互动，比如养狗经验、美容美发等信息；用户也可以进行相互交流或发起相关活动，有利于业主通过互动而相互熟知。

万科通过 App“住这儿”建立了社群，及时掌握了住户的需求，为更好地服务住户打下坚实基础，这就是社群发挥不可替代作用的核心动力。

工业社会，所有的一切都是规模化的，只有规模才能产生效能。如果想做饮料，就要将自己的饮料产品卖到全世界。可是，随着人们思维的觉醒、个性化需求逐渐增多，商业的增长方式必然会出现变化。未来商业的核心就是通过社群来了解用户需求的变化，所以，很多企业都纷纷着手构建自己的社群。

同时，未来的竞争不是同行业的竞争，而是跨界混搭的穿越竞争，是影响力的竞争。小米手机卖得不贵，但毛利之所以会那么高，主要就在于舍弃了传统包袱，既不需要渠道铺货，也不需要给渠道商回款，更不用铺设维修网点，通过互联网就可以把交易成本拉到最低。

鼎言钧语

商业发展的本质就是通过当代伟大的产品和工具来降低成本，提高效率，社群作为更精准、更垂直、更高效的传播方式，一定会成为商业发展的核心动力。

社群经济不是泡沫经济

在互联网时代，“火得快，退得快”。一时间炒得火热的企业或产品，最终都会成为先驱。

黄太吉是2012年成立于北京的一家中式快餐食品公司。其老板原来是某大型互联网企业的著名设计师，因此黄太吉在店面的设计上做到了极致。店里的陈设会直接面对消费者，食客见了好玩的东西，必然会在第一时间发微博分享。这些“别有用心”的摆设，是消费者微博上的好素材，也让消费者无意中成为“商家”的义务宣传员。

黄太吉传统美食的官微经常会晒出一些与消费者真诚交流的短信，给消费者贴心感。另外，官微还发起过“最大订单”的竞赛，既增强了消费者的参与性，又促进了销售。这样的订单竞赛，对几乎所有商家来说都很实用。

值得一提的是，黄太吉不仅涉猎了微博，还使用了大众点评、微信、QQ（腾讯公司推出的即时通信软件）、陌陌等几乎所有的社会化媒体形式。特别是跟 LBS（基于移动位置服务）结合的“微信”“陌陌”等即时通信工具，都可以用来订餐和推送促销信息，非常实用。可是，黄太吉煎饼在快速火爆之后，经过几波口碑的传递，快速进入了质疑期，引来一阵批判潮。

看到这种现象，很多传统人士都认为，社群经济就是一堆泡沫。确实，包括过去的团购创业潮在内，中国式跟风确实带来了爆发式的区位成长，导致快速洗牌、快速覆灭的可怕场景。可是，值得肯定的是，社群经济不是互联网泡沫，即使走了不少弯路，也只是为了发展的需要。

过去，社交网络和社会化的东西一般都集中在营销层，传统企业对互联网的认识也仅局限在互联网的营销价值上，不同行业深入互联网的程度也不一样。可是，最近几年，随着智能手机大量普及，各行业对互联网的认知发生了很大改变。无论是偏远的山村，还是热闹的城市，都能通过移动互联网连接起来。

在朋友圈，就连老人都在通过微信、微博、QQ 等聊天，连小孩都在用 iPad（苹果平板电脑）学习与玩耍。当每个人都成为互联网世界的成员时，社群经济自然会覆盖到人们的生活、工作、学习等各个方面。

互联网泡沫之所以会出现，主要在于资本追捧与网民消费之间的矛盾。可是如今的网民数以亿计，电子商务已经被大多数人认同，企业既可以做社群经济生态链条中的一部分，也可以建设自己的生态圈……一旦创新了生态内组织模式和关系，必然会引发整个经济体系的巨大变化。

作为一家新兴的母婴电商，大 V 店是社群电商成功案例中的佼佼者。

大 V 店是 MAMA + 旗下主打产品，定位为妈妈社群电商。其以亲子阅读为切入点，采用社群的管理运营体系，帮妈妈创业赚钱开店获取佣金，目前已经成长为一个自我循环的社群生态平台。目前，平台注册用户约500万人，其中妈妈店主就有将近70万位，月销售额超过1.5亿元。

大V店鼓励妈妈们自己创业开店。在社群管理方面，它不仅逐步用工具和App实现了产品化，还以地域为划分标准，建立了涵盖全国的“V友会”。大V店通过内容活动，发现“V友会”中的意见领袖，并将她们培养成“班委”，负责“V友会”的日常管理工作。

2016年，大V店开启了“妈妈加油站”，挑选出具有影响力的妈妈，让她们当站长，并组织了各类线下活动。这不仅满足了妈妈们的社交需求、让她们实现了自我价值，还引导她们从事一定的运营工作。此外，大V店还跟900余个落地机构展开合作，将其作为妈妈们进行线下活动的场所。

大V店社群，通过一套自运营系统解决了用户激增带来的运营压力，通过用户互动维系了情感，用质量较高的内容传播有效地促进了销售的提升……这些内容，都给模仿者设置了极高的壁垒，使其不易被模仿。

社群经济不仅实现了人与人的连接，还实现了人与物的连接，产品需求的社群化有效地促进了企业研发模式、生产模式和营销模式发展。从这一点也可以看出，社群经济不是泡沫，而是互联网经济时代到来的里程碑。

无论是中小企业和创业者，还是大企业乃至商业巨头，都需要正确面对社群经济带来的新的经济创造力。

鼎言钧语

啤酒有了泡沫才是啤酒，也就是说，泡沫并不可怕，我们看待一个新经济现象，不是单纯地去看它是不是合乎过去旧有的模式，而是要看它是否能让用户更满意，是否在创造更大价值，同时是否可以服务更多的人，而社群模式，就是适应今天的移动互联网商业的产物之一。

社群经济的特点和本质究竟是什么

一、社群经济的特点

黑马社群是一个典型的成功社群经济案例。

2016 年 12 月在北京国际会议中心召开了创业社群大会。会议提出，黑马社群是 2015 年极火爆和极具投资价值的社群。

在资本萎靡不振的情况下，黑马社群为人们递交了一份逆流而上的融资成绩单：在 2015 年一年时间里，一共发生了 835 起融资事件，融资总金额为 609.63 亿元；33 家黑马企业登陆新三板，15 家黑马企业被 BAT（百度、阿里巴巴、腾讯）等大买家并购、投资。

黑马社群之所以会创造这样的成绩，主要得益于成功的社群经济模式。

第一，黑马社群的创始人牛文文是个触媒式人物。如今，黑马社群已经覆盖了全国 32 个地区 13 个行业，牛文文也成了众多创业者心目中的一个触媒式人物，其每时每刻都在传播黑马社群的信仰。

第二，信仰绑定用户。“让创业者不孤独”这句话让众多遇到困难和无助的中国草根创业者产生了共鸣，这种信仰的力量让其在最短的时间内凝聚了海量核心用户。更重要的是，尽管信仰是触媒式人物提出的，但在运营过程中，通过黑马社群先成功的创业者还会帮助成长中的创业者，最终通过彼此之间的互助合作，实现共同成功。

第三，稳固多元化的投资方。投资黑马最给力的资本大鳄也呈现多元化发展趋势，除了传统的投资机构和企业投资者外，牛文文背后还有很多新兴基金和众筹平台等拥趸。

第四，准确的社群定位。黑马社群的定位非常清晰，即具有一定基础的创业者。这类人群的阅读能力、学习能力、沟通能力都比较好，通过黑马社群的连接作用，能够有效解决社群资源分享机制和学习机制等方面的问题。

第五，关注社群经济最大的痛点——线下互动。互联网社交的发展为线上互动提供了便利，但“线下冷清”的痛点却长期存在。

黑马的创业圈，可以划分为黑马营和黑马会两个圈子。从行业和地域的角度来看，其在全国共有 25 个分会、20 个行业分会，创业者可以按照地域或行业自发进行整合。多维度的创业圈，使创业者可以有更多的圈子资源交集，可以更好地合作和成长。

此外，一年一度的黑马运动会让创业者和大佬之间熟络起来。这场“思想＋体育”的创新竞技运动会，被创业者称为“黑马两会”。

在未来的社会中，所有产品都会融入社交元素，所有的社交网络都会 O2O 化。无论如何，都会出现社群化的进化升级。当以行业划分的圈层逐渐被打乱时，各企业必然会更加互联化。

到 2016 年，融资总额排名前十的黑马公司，每家融资金额都超过了 5000 万美元。即使在资本运作艰难的日子里，黑马依然在不断融资，仅 5000 万美元以上的融资就发生了 11 起。其中，最高融资额高达 3 亿美元。

社群经济的力量凸显！

社群经济的主要特点，表现在三方面，如表 1－1 所示：

表 1－1　社群经济的主要特点

特点	说明
情感连接	社群能给一群有共同价值主张、相同趣味的人建立情感联系，让他们之间形成点对点的交叉感染，协同行动产生叠加能量，合力创造出价值
利益联结	社群本身也是一种组织形态，要想维持该系统的正常运转，系统内的每个个体都要产出价值并获得收益；同时，系统本身还会进行周期更迭。如同人体内的细胞，各细胞都应该获得营养供给，为了保证组织体的结构完整，每死去一批细胞，就要有新的细胞补位
范围经济	社群本质上是一套小范围内的生态系统，社群需要具备自生长、自消化、自复制能力，并不以中心化的永动机来牵引导航

好的社群经济通常具备以上三点。如今社群经济的成功在商业社会中已崭露头角，并开始渗透到各个行业和领域，它在未来商业中究竟会扮演怎样的角色？要想了解社群经济的本质，首先就要熟知上面的这三个特点。

二、社群和社区之间有着怎样的联系

如今，很多人都在说社群和社区，但两者之间究竟有着怎样的关系？

1. 社区

社区强调的是人与人在物理空间中的联系，注重熟人社交和强关系。社区能够实现自组织和自运行；个体进入社区的目的是获得人脉、建立信用。比如，很多人都喜欢李宇春，于是便出没于她的贴吧里。其实，粉丝之间并不一定认识，这就叫社区。

2. 社群

社群强调的是人与人在虚拟空间中的关系，是陌生人的社交，具有弱关系性。其非常依赖管理者（版主）的组织；个体进入社区主要目的是看内容，写作者的目的则是获得名声。比如，正和岛非创意不传播社区，里面的人虽然不一定见过面，但基本上可以归入朋友圈，这就叫作社群。

3. 二者的关系

同一个社区里的成员不一定会形成社群，一个社群里的成员也不一定非得在一个社区，可是，社群往往是从社区中产生的。社群一旦形成，即使社区瓦解了，社群也依然会存在。

三、粉丝经济是社群经济吗

社群经济和粉丝经济是两码事。二者的主要区别在于：社群是一个两两相交的网状关系，一端是用户满足，另一端是服务用户，是去中心化的；而粉丝经济则是中心化的，以某个点为中心，所有人围绕在这个中心周围，是一种明星式经济。社群经济发展到一定程度，会自我运作；但粉丝经济却不会。

社群是任何时代的商业都追求的终极目标，但只有到了移动互联网时代，出现了微信等高效率即时通信工具后，社群建立才变得非常容易。社群之间的差别就在于有没有社群品牌，这是社群经济应该着力的方向。

鼎言钧语

社群经济就是一个可以更有效率地传递价值和实现价值的经济形态，让利益分配从物质开始上升到精神，是商业形态中价值和创造价值的更高追求。

第二章
WHY 社群
——关系为王， 转弱为强

心理学家格兰诺维特曾经说过：“无论是找工作，还是找对象，弱关系都要比强关系更重要。”数据显示，一个美国人平均有 4 个亲密朋友。这种关系就叫作强关系。而所谓的弱关系，就是把不同的小圈子连接在一起。

介绍工作的时候，强关系重要还是弱关系重要？找对象的时候，是家人帮你介绍男朋友靠谱，还是朋友，甚至朋友的朋友帮你介绍的成功概率更大？在社交网络上，平均每个节点之间相隔 6 个连接，如果想找到世界上的另外一个人，只需通过 6 次连接即可。

得弱关系者得天下。要想在这个世界里成为有价值的人，就要建立一个小社群，让自己成为社群的焦点。

社群时代企业的生存需要“去”

互联网的核心价值之一是连接。

在人、服务和设备越来越智能的将来，通过移动互联网的连接，智能化的物品会连接成一个强大的关系网，商业关系也会发生微妙的变化；用户与用户不再是相对孤立的，而是形成了一个可以互相影响的群体。企业会告别高高在上的姿态，以体验设计为核心，与用户共同创造新的商业模式。协调多方关系、构建商业生态社群，将成为未来商业的主要方向。

商业生态社群是由品牌忠实消费者依靠对品牌的情感利益而建立起来的。跟地理性质没有关系，这是一种通过情感连接建立起来的强烈归属感，是一个稳定有序的品牌组织。这种归属感建立的基础是消费者对品牌的忠诚和高度认可，以及品牌形象、自身性格、价值观、自我展现形式的一致性。

在传统时代，信息没有足够对称，人们要想获得信息，需要通过一系列中介组织，需要得到专业的指导和帮助，比如各类广告载体，报纸、杂志、电视等。人们会通过这类权威媒体信任某个品牌，从而引发购买行为。即使是互联网时代，信息也没有实现完全对称，依然存在类似于“携程”等典型的传统网络“中介”。可是，随着社交网络蓬勃发展，企业与用户可以直接对话，企业会建立起一套可以直接沟通交流的体制。

用户对品牌的信任一般都来自所在群体的意见。2013 年海尔宣布放弃杂志广告，将重心转至移动互联网战略；同年，全球广告投放的顶级巨头耐克，启动了“社交媒体业务 in-house 化”及独立运营社交媒体业务……在“去中介化”的趋势下，企业不仅会绕过媒介，直接与消费者进行沟通，还会进一步绕过代理商，亲自与消费者展开互动。

面对日益加强的企业与消费者关系，企业需要寻求更多的沟通交流方式，建立一个完整的商业生态社群。社群建立的核心是建立强有力的情感连接，使用户产生强烈的归属感。

品牌社群的建立会让企业更加理解用户思维，有效缩短企业与用户之间的距离，提高效率，通过产品为社群建立情感连接，就可以将企业用户群联系得更紧密，从而产生高于产品的附加价值。

1. 对手不是友商，而是时代

在颠覆式创新理论中，有个核心概念——“价值网”。处于某一价值网中的企业，不仅会遵循价值网内形成的成本结构，还会将某种性能属性当成最重要的价值判断。如此，在竞争环境中，企业就会逐渐形成一种以资源、流程与价值观三大因素为核心的组织能力。一旦形成了价值网，企业就无法逃脱。

很多人认为，企业的运营依赖于管理者。其实，这是由其所处的价值网所决定的。互联网是一种全新的价值网，互联网的生存结构与工业时代相比有着明显的差异，比如成本结构的毛利率为零、性能属性的产品周期为零、人与人之间的冗合度为零。

（1）成本结构的毛利率为零。毛利率为零是互联网有别于工业时代的一个基本特征。互联网的出现，大大减少了信息成本，“去中介化”风潮日益兴盛，而渠道却逐渐衰落。优秀品牌可以将企业和用户直接连接起来，掌握用户的真实需求。这不仅可以摆脱企业对广告、渠道和库存的依赖，用较低的价格来销售商品，还能让商业模式更具黏性与竞争力，让企业在与用户的接触中挖掘到其他盈利模式。

（2）性能属性的产品周期为零。产品周期为零，也就是说，产品会更加注重审美和情感体验。工业时代奉行的原则是“科学是第一生产力”，科学是工业时代价值网的重要属性。可是，如今我们却发现，科技进步的速度与人们幸福感的增长并不合乎比例，技术进步的步伐要快于市场需求增长速度。而且，技术越进步，产品生命周期越短，产品周期就会无限趋近于零。这就意味着功能体验已经没有最优，消费者对情感的体验需求已经超过了对功能体验的需要，审美必然会代替科技成为互联网价值网中更重要的性能属性。

（3）人与人之间的冗合度为零。每个掌握终端的人都与互联网保持着紧密联系，即使是一个人也可以成为一家公司。在极致的逻辑推演中，随着社会分工逐渐细化，人与人的冗合度也会为零——每个人都是一种工种，两个相同的个人中必然会有一个被淘汰。

2. 零营销费、零渠道费、零库存费

离开了成本结构和用户，再来谈互联网思维，必定是"伪互联网思维"。在互联网价值网中，企业可以去除中间成本，消除营销、渠道、库存等维度，发动起自己的"降维式攻击"。

小米是通过社会化媒体与用户接触的。在通过自有电商销售产品时，小米会根据用户预订数分批生产产品，实现"零营销费、零渠道费与零库存费"的成本结构。小米把省出来的部分成本让利给消费者与用户，之后再以递延利润的方式盈利。

销售手机的时候，传统手机厂商通常都是以销售硬件为核心，只要把硬件卖给客户，关系便消失了，这时候商家看重的是出货量与市场占有率。而小米销售手机的时候，则要跟用户建立一种长期关系：小米追求的是粉丝数、用户数、版本更迭次数和软件应用量。

由此可以发现，企业要想生存和发展，仅仅进行"一次打击"是不够的，要具备多次打击的能力。

3. 功能是必需，情感是强需

进入互联网时代，产品生命周期快速缩短，很多企业还没有从产品积累到品牌，就消失在了人们的视野中。虽然一款产品可以颠覆一家行业巨头，但产品优秀并不等同于技术领先。

虽然说功能属性是产品的必需属性，但情感属性更是一个优秀产品的标配。消费者之所以会心甘情愿地为苹果手机付出高溢价，并不是因为它比其他手机具备更多的功能，而是因为其具有出色的设计与体验美感。一旦某种产品被赋予了情感，就具有了人格化特征，形成了"魅力人格体"。

互联网品牌是创始人、产品与用户之间的合谋之作，只要获得了极致的产品体验，用户就会积极传播。当营销与产品合二为一的时候，品牌就会在消费群体中引爆，成为大家信赖的品牌。

4. 个人异端化、组织社群化

移动互联网时代，最难实现的是观念革新和组织管理的创新。当人与人的冗合度为零时，要想生存并长远发展，个人就要将自己的才能发挥到极致，甚至成为异端。

何谓异端？著名的 Facebook（脸书）、Google（谷歌）、苹果和小米，在选才、用人的标准和方法上都秉承了"追寻极致人才"的精神：要么成为杰作，要么成为垃圾，不杰出便走人。一旦个人走向异端化，追随者就会被吸引，从而形成有组织的社群。

优秀的公司管理者都知道，企业不需要庸才，需要的是顶尖人才。有了这样的顶尖人才，企业就会吸引一群志同道合、精神投契、水平相当的人，社群就会应运而生。互联网消解了组织的中心，一个人就可以成为一家公司，总有一天会达到“人即公司化”。在这种趋势中，公司的边界会被打破，公司会变轻，团队会变小，层级会变少，管理会变淡。

5. 兴起产品型社群

社群经济时代，传统行业必须学会降维生存。当各种维度都消失的时候，产品与社群也就成了互联网时代最为重要的维度。

基于互联网时代的生存结构和思维模式，互联网时代的生存方式应该是“产品型社群”。这种模式虽然不是互联网文明下企业生存的唯一方式，但却是目前被验证的、符合逻辑推演的一种路径。

与工业时代比较起来，互联网时代的产品成本结构与性能属性都发生了重大改变。比如，产品是连接企业与用户的中介，过去承载着具体功能，现在则承载着趣味与情感。优秀的产品通常都能带来数量可观的用户，企业基于这个群体还可以开展更多业务，实现利润递延。当企业能够经营自身的产品社群时，定然会想到更多的盈利方式。

鼎言钧语

随着互联网的高度发展，人必将成为商品流通的核心渠道，整个互联网经济会快速从平台向内容转变，社群经济就是这一阶段下的必然产物。

积极打造碎片化社群流量来源

按照传统营销思路，企业是有着力点的。当大企业发展得越来越大时，很多小企业也会变得更好，为什么？因为大小企业都有自己的着力点。只不过大企业的主要着力点是大众传播，而小企业的主要着力点是通路而已。可是，电商的出现却砍掉了着力点，让营销无处着力。

与电商相伴出现的是传播的碎片化。碎片化是电商独立流量的重要源泉，只要承认碎片是资源，就可以将这些碎片充分利用起来。因此，要想得到发展，就要建立一个可持续发展的客户社群生态，以储存精准的流量。

与此同时，在不远的将来，社群商业会向场景变革，流量会被场景替代。

比如，出行服务会变更为垂直便利的“航班管家 + 易到用车”，而不是传统的旅游服务平台。这些产品满足了消费者某种特定场景的需求，更便利、更及时、更加充满情感。

需求即产品，产品即场景，场景即社群。

生活中的某个环节、某种生活方式、某种特定需求，都可能造就一个特定场景。在未来的 3 ~ 5 年，旅游、教育等众多行业会出现新的社群形态，催生出更多的新经济模式和产业模式；随着生态内组织模式和组织关系场景的创新，整个经济体系也会出现大变革。

1. 电商究竟砍掉了什么

如今，众多电商都自称砍掉了流通环节，实现了厂商与客户直接见面。可是，砍掉了流通环节和传统终端，也就砍掉了消费者获取更多商品信息的渠道，而电商是无法弥补这一行为所带来的信息损失的。

如果说营销是为了消灭信息不对称，那么电商平台在提供信息时却又加剧了信息的不对称。电商砍掉流通环节，厂商就会失去一个信息传播的渠道，除非再建一个新的信息传播渠道，否则只能更加依赖平台流量。而社群电商就可以很好地解决现有电商在价值流交互方面的弊端。

2. 把碎片化的社群组织起来

传统商业本来就是碎片化的，很多企业也正是由于把碎片化的资源组织起来而壮大的。为了应对碎片化的商业格局，企业通常都会建立一支庞大的业务员队伍，把这些碎片化的商业资源组织起来，连成片，形成全国覆盖。

传播的碎片化、客户的碎片化，对众多企业来说并不是一个新课题。不过，现在的碎片化主要是指社群的碎片化。社群的价值在于强关系，社群的弱点在于规模小，这是碎片化时代传播的基本现实。以此为基础，要想让社群形成规模，就要把碎片化的社群连接起来，形成规模化商业价值。那么，如何才能把碎片化的社群组织起来呢?

（1）建立社群的管理体系。碎片化时代，为了把碎片化的社群组织起来，可以像过去建立销售队伍一样，建立一支高水平的社群管理队伍。

（2）建立有效的社群连接。社群组织的连接主要包括两方面内容，一个是社群之间的连接效率，另一个是社群效应的外溢。其中，效率连接需要各组织和机构根据自己的实际情况设定目标，逐步提升；而社群效应外溢，则要依赖符合人性需求的原创内容，使其像“病毒”一样在社群中广泛传播。

3. 社群是独立流量的来源

从电商平台买流量，不仅是一种短期做法，还会让企业对其形成严重依赖。流量是一次性的，谁付费，流量就会导向谁。平台的引流是靠不住的，独立流量即电商自身能够掌握、把控的流量，才是电商可以依靠的资源。

在传统营销的4P（产品、价格、渠道、宣传）架构中，渠道既是物流，也是信息流。电商虽然砍掉了渠道，传播也去中心化了，但信息传播的本质依然存在。电商虽然可以砍掉实体，但无法砍掉本质，对于电商来说，流量就是信息引导，要抓住流量来源。

碎片化时代，社群是主流传播媒介，虽然和大众传播比较起来，社群的数量有限，但成员之间的关系强度大，所以只要把社群有效组织起来，就可以成功获得独立流量。解决了这个问题，企业就可以良性发展。

鼎言钧语

看清楚社群自身的优劣势，我们就可以转弱为强，为我们的生活和经济有效地服务。

不断学习和改变，抓住社群经济的红利和机会

互联网的本质是“连接一切”。连接的秘密则在于，传递价值的方式不仅是颠覆式发明，同时也在创造价值，给用户带来好的体验和便利。

提到社群运营，可能很多人首先想到《罗辑思维》和《吴晓波频道》等已经走入众人视野、高大上的案例，其实还有一家卖米粉的小店，靠运营社群，目前已成为拥有20万社群用户的品牌，这家餐厅到底是何方神圣呢？它就是2014年在上海开业的“湘遇见对味的你”（以下简称“遇见”）。

“遇见”从一开始就致力于打造社群O2O餐厅，线上聚集用户，线下通过活动来加强成员黏性。

“遇见”是由复旦大学、同济大学等名校MBA（工商管理硕士）/EMBA（高级管理人员工商管理硕士）发起的一个众筹项目。他们秉承“筹钱、筹人、筹智、筹资源”等新众筹概念，喊着“粉丝变员工，员工变股东”的口号，建立起了上海餐厅志愿者群，让用户参与店铺选址、装修、菜品研发、菜品试吃等全过程，不仅提高了用户参与度和积极性，还培养了一批核心用户。

“遇见”创始人不仅在店里配置了投影仪、话筒和可移动式桌椅，为顾客搭建了一个社群交流平台；还在餐厅“互动墙”上放置了高质量微信群和俱乐部的微信公众号，比如创业会、商学院、单身群、名校校友会、市场营销会等，方便餐厅顾客加入；同时，几乎每天都会举办聚会、派对等。

品牌创始人李青松在进行品牌传播时，讲了一个浪漫的故事。他知道女孩都喜欢吃，希望自己在某一天可以在一个对味的餐厅里遇到自己的她，可以在餐厅向她求婚。于是，就有了后来的“遇见”。

“遇见”的定位为“极致的中西结合”，装修风格简约时尚，中西式元素互相映衬，实现了中西文化有效融合。就连骨碟、盘子、饮料杯等的设计都非常富于创意，苹果盘、琵琶盘等曾一度受到女性食客的喜爱。

此外，“遇见”的菜单设计也十分用心，文艺、时尚、现代并与时俱进。菜名非常文艺且幽默，比如冷菜叫作“多彩冷菜”，招牌菜叫作“来个头牌吧”……

正是凭借大胆的创意和创造性执行，“遇见”才能在短短几个月迅速成为一个全新的互联网思维创意湘菜品牌。

社交网络把人和人、人和企业、人和兴趣等相连接并产品化，社群经济时代的创新法则就是“连接一切、改变一切”。如今工业化 4.0 已经在高速前进，我们不用再去发明灯泡或汽车。工具化时代的成果是社群经济再创造的基础，企业只要洞察和理解了连接的意义，然后将其用技术、数据、情感等手段和人群连接起来即可。

社群经济时代，既需要产品，也需要社群，产品和社群一个都不能少。如今，随着小米、《罗辑思维》等的出现，人们也已经了解了“社群经济”这个概念。其实，社群经济已经在互联网上出现一段时间了，只不过过去的平台没有确立足够的生态反哺机制，只有豆瓣、蜂族 360、微博等社交化平台里包含着社群经济的微观模型。

有人说，有社交的地方就有人群，有人群的地方就有市场。那么如何才能抓住社群经济的红利和未来机会呢？这对于各家企业来说，都是一个亟待解决的问题。要想抓住机会，就要不断学习和改变，不仅要实现企业组织自身的社群化，还要实现生态链的社群化，更要坚持客户关系的社群化管理……而要将这一切一一实现，并不容易，需要企业有足够的决心和坚持。

无论是小企业，还是大企业，都应将自己能力范围内的服务单元连接到大平台上。未来的社群经济会通过互联网社群的产品和技术进行连接和重构。产品就是文化，产品就是社群，社群经济依赖于产品的创新。

鼎言钧语

社群经济并不是复古原始民族的部落状态，而是在当下人类觉醒，对精神的需求日益旺盛，移动互联网高度发展的情况下，连接产品和人，适应现在和未来发展的经济形态。

社群也有“潜规则”

一、社群之间的存在状态

社群之间的存在状态是怎样的呢？

1. 互联网各个社群是联系在一起的

人的选择具有多元化等特点，虽然互联网的社群是以兴趣和价值观聚合而成的，可是社群并不是封闭的，而是在不断融合。假如你是互联网的从业人员，却对足球十分狂热，你的生活轨迹就会混迹于“互联网圈”和“球迷圈”。这样，一个人就能把两个不相关的社群联系起来，无数的人就能把无数的社群联系起来。

2. 社群成员相互融合、此消彼长

社群之间是相互联系的，并且每个社群的大小和影响力是不一样的。每个社群中的成员可以自由选择，影响力弱的社群会逐渐被影响力强的社群所吸引，小社群也会逐渐被大社群融合兼并。社群一旦人数众多，层次低的成员在社群中的影响力就会被削弱。之后，为了满足自己的需要，人们就会开始寻找更加适合自己的群体。社群之间就是这样相互融合、此消彼长的。

3. 社群会随着社会发展不断更迭

社群是社会的产物，必然会随着社会发展不断更迭。比如，在互联网

没有发展之前，媒体圈子以传统媒体为主；可是，如今只要人们一说到TMT（数字新媒体产业），首先想到的就是互联网、移动互联网。由此可见，“互联网”圈子的出现是对“传统媒体”社群的更迭。

二、社群商业

企业只有了解了社群的存在方式，才能对社群中的个体做出正确分析，才能针对个体制订出相应的运营方案和营销策略。因此，企业要对社群成员做分层和定位。

1. 高层次的社群成员

这类社群成员通常在现实生活中，本身拥有权力、资源、影响力和地位，能满足不少人的需求，他的参与会产生一呼百应的影响。

2. 中层次的社群成员

在实际生活中，这一群体既没有权力，也没有资源和影响力，但对社群内所关注的事非常了解、有话语权，是社群的“中坚力量”，是社群里的意见领袖。

选择商品的时候，这部分人一般都会提供很专业的意见，对社群成员影响很大；他们会考虑产品的性价比，是产品口碑传播的起点。只有抓住这部分人群的“痛点”，口碑传播才能显示更强的权威性和巨大的影响力。

3. 基层的社群成员

这一群体之所以要加入社群，仅仅是出于纯粹的兴趣。他们只会被动围观，不会主动参与，在实际生活中和社群中都没有权力。这部分人在社群中的人数最多，对于社群话题通常会盲目从众，容易受到前两个层次社群成员的影响。

4. 找到认同你产品的人

不要想当然地认为可以把自己的产品卖给所有人。在销售产品的时候，要精准挑选，找到认同你产品的人，不要为不适应产品的人服务。因为这部分人通常都不会充分体验你的产品，反而会给你的产品销售带来不好的影响，对口碑传播起到一定的负面作用。所以，一定要为产品的“同类”提供优质的服务，一定要找到认同你产品的人。

总之，只有找到属于你的社群，找准社群的意见领袖，利用或者成为社群的意见领袖，熟悉社群“潜规则”，才能将社群有效利用起来。

鼎言钧语

运营社群是通过团结一群志同道合的人和资源，去影响另外一群人，而不是通过一个人去影响一群人，所以社群成员的分层和定位很重要，永远找认同社群价值和方向的成员做中坚力量，是运营好社群的不二法门。

第三章

社群如何赢

——从新工具到新模式

互联网的商业模式有三个层次：最底层，以产品为中心；中间层，以平台为中心；最高层，则以内容和用户为中心，也就是社群。由此，社群商业就是“内容 + 社群 + 商业”。

商业社群生态的根本价值是满足消费者不同层次的价值。社群的背后，不仅有用户和兴趣，还承载着非常复杂的商业生态。在社群商业模式下，内容就是一道锐利的刀锋，可以吸引和满足用户的基础需求。要沉淀真正的客户，需要有效的社群管理和工具更新，不是建一个微信群、开一个论坛这么简单。

社群商业

如今，移动互联网时代的社群商业模式已经崭露头角。看到好的产品、内容，用户就会聚合在一起，然后沉淀下来，因为参与式的互动、共同的价值观和兴趣而形成社群。最后，便有了深度联结的用户群体。

一、在社群的影响下，未来的商业到底什么样

众所周知，整个商业的运作都在遵循这样的规律，即通过当代伟大的产品和技术，来降低成本、提高效率，推进人类社会进步，现以通信工具为例。

最开始出现的是有线电话。30 年前，国人的梦想就是楼上楼下、电灯电话；后来由于人们总是无法及时接到电话，就出现了寻呼机，再后来就出现了手机，人们可以用手机随时随地与他人交流。随着互联网的发展，出现了一个伟大的产品，那就是微博……我们所熟悉的粉丝经济就来自微博时代。

新浪微博曾经有个有意思的广告：我不想知道你在干什么，但如果我想知道你在干什么，就一定能知道你在干什么。可见，微博丰富和解放了网络信息获取的自由度。

微博上的信息是“一对多”的，只有发生爆炸性事件、公众人物事件时，大家才会将注意力转移过来。今天，众人熟悉的智能手机就是一个与外界交互的窗口，可以让人随时随地与外界保持联系。智能手机的问世，使其成了用户的固定情人；微信的出现，让很多人成为低头族……所有的改变，都来自互联网及信息交流工具的出现。这些工具降低了人与人之间的连接成本，让人不管在任何时候、任何时间，都可以与外界交互和交流。

今天，你在家人的微信群发一条消息，无须向家人汇报，家人就会知道你在干什么；在工作微信群发一条信息，同事就会知道目前问题处理到了哪一步，以及该如何配合与协作；在共同兴趣的社群，不仅可以找到很多志趣相同的朋友，还能让自己的价值得到传承和延续……可见，社群的

传播效率远大于其他任何传播方式，更关键的是，社群还对信息做了过滤，我们所看到的信息大部分都是对自己有价值的。

社群经济让更多人找到了“归宿”，也为更多人提供了贡献价值的舞台，让信息“多对多”传输成为一种可能。优秀的社群有共同的价值观和主题，大多数人的时间在哪里，风口就在哪里，趋势就在哪里。

那么，在社群的影响下，未来的商业到底什么样？是否会发生颠覆性的变化？

1. 从“规模经济”到“范围经济”

百年工业史的发展，包含着同样的产业逻辑：标准化、规模化和流水线。今天，随着互联网，特别是社交网络的发展，传统工业似乎正渐渐远离我们。相信在不远的将来，经济与社会组织将不再是僵化的矩阵形态，而是个性张扬的网状模式。这种转变，是极具革命性的。

在规模经济时代，为了满足标准化和流水线的需要，规模越大越经济，品种越少越好。可是，在未来，这个规律很可能会翻转过来——谁能尽可能地满足长尾末端的需求，谁的盈利能力就越强。

互联网经济是一种长尾经济、范围经济，所以社群会自己限制规模。工业时代的过去，意味着规模逻辑的结束，社群逻辑得到了重启。如果企业不自限范围，开发品种的时候不具备多种可能性，就无法拥有核心成员社群。

有人说，在互联网时代，品牌玩的就是一种“榴莲精神”——喜欢的人会将其爱到骨髓，不喜欢的人则毫无感觉。根据个人的品牌偏好，人们会形成不同的小圈子、不同的社群。

2. 从“产品售卖”到“用户运营”

在互联网出现前，人们如果想购买某种商品，必须亲自到线下的门店去，需要围绕门店和物品开展购买活动；而互联网出现之后，人们如果想购买商品，就不用亲自到门店了，只要找到电商平台就可以直接下单，因为如今的电商平台、厂商和物流商都在围绕用户需求进行活动。商业实现了从“人围绕着物转”到“物围绕着人转”的转变。

未来的商业基于人本身，而非基于产品。曾经红极一时的索尼公司，经过努力创造了无数个第一，不仅为世界设立了行业标准，甚至还成为日本经济奇迹的代名词。可是，如今这个“巨人”的境况并不是很好。

关于索尼衰落的原因，出井伸之这样说：“新一代基于互联网 DNA（基因）企业的核心能力在于利用新模式和新技术更加贴近消费者、深刻理解需求、高效分析信息并做出预判，所有传统的产品公司只能沦为这种新型用户平台级公司的附庸。这种衰落不是管理能扭转的，互联网的魅力就在于‘The power of low end’（低端的力量）。”

为什么说小米是一家互联网公司？它跟传统的手机厂商有什么不同？对于互联网公司来说，典型的商业模式就是“羊毛出在狗身上”。公司不会直接通过销售产品赚钱，而会将产品当作汇集用户的一个入口，在与用户的不断交互中为用户创造持续价值，赚得收益。对于小米来说，手机只是一个整合用户的入口，并不是单纯的产品，销售并维护的过程是运营用户的过程。这也是社群经济的本质所在。

3. 从“被动接受”到“主动参与”

社群经济是一种用户主导的 C2B（Consumer to Business，即消费者到企业）商业形态。雷军为什么说小米成功的秘密在于“参与感”？为什么重视“参与感”就能够获得成功？主要原因就在于，社群经济下的品牌是用户主导的口碑品牌，而不是厂商主导的广告品牌。互联网时代的品牌是用户评价的产物，用户体验是在一次次的互动中完成的。

在当今这个时代，要想打造品牌，就必须让用户参与到产品创新和品牌传播的环节中来，因为“消费者即生产者”。尤其是“80后”“90后”的年轻消费群体，他们更加希望参与到产品的研发和设计环节中，希望产品能够体现自己的独特性。品牌厂商要注意这种消费行为的变迁。

二、社群商业＝内容＋社群＋商业

社群商业模式的关键要素是内容、社群和商业。其中，内容具有媒体属性，是流量入口；社群具有关系属性，主要用来沉淀流量；而商业则具有一定的交易属性，主要用来变现流量价值。

1. 内容：一切产业皆媒体

移动互联网的出现，不仅大大提高了人与人之间的协作效率，还使信息的生产和传播效率大大提高。在人人都是媒体的社会化关系网络中，内容就是广告，优质的内容是非常容易产生传播效应的。

（1）一切产业皆媒体。企业所有的经营行为，本身就是一种符号和媒体。从产品的研发、设计环节开始，再到生产、包装、物流运输环节，最后到渠道终端的陈列和销售环节，每个环节都在同消费者和潜在消费者进行接触，每个过程都在传播着包括产品本身的品牌信息。对于可口可乐来说，每瓶的包装都是媒体。企业媒体化已经成为必然趋势，企业要想发展，就要培养自己的媒体属性。

如今，很多企业都开始涉足碎片化的社会化媒介渠道，众多管理者也纷纷上阵经营起自媒体，这是值得肯定的。可是，很多人误解了媒介属性的培养方式，认为媒介仅仅是一种简单的信息发布渠道，却忽视了“媒体也要产品化”。冰冷的广告灌输、自我吹捧的夸夸其谈，已经无法为企业带来实际效益了。

（2）媒体即产品。要想引爆口碑，就要将媒介传播看作是一个需要认真打磨的产品，引导用户参与，认真构建社群。简而言之，新媒体与传统媒体的根本区别在于“认同”。在新媒体格局下，只有“认同”才能产生价值。忽视了“认同”，采用传统方式肆意而为，只会费力不讨好。

2. 社群：一切关系皆渠道

在没有互联网时，品牌厂商或者零售商如果想和目标消费人群接触，需要尽可能扩展门店，需要大力宣传；可是，互联网的出现打破了空间限制，人们待在家里、待在电脑和手机旁，就可以买到各种各样的商品。这种商业现象意味着商业逻辑的更迭——由抢占“空间资源”转换为抢占“时间资源”。

其实，所谓“时间资源”就是用户的关注度。当用户大规模向移动互联网、社交网络迁移的时候，品牌商和零售商也纷纷转移了自己的阵地。如今，传统的实体渠道逐渐失去了往日的荣光，取而代之的是线上的关系网络，如微博、微信、论坛等。

通过小米社区和线上线下的活动，小米手机聚合了大量的手机发烧友。通过这个社会化网络，“米粉”会不断地给小米手机的产品迭代提供建议。同时，他们还会不断地帮助小米做口碑传播，这群人就是小米社群。

当然，今天所讲的社群，特指互联网社群。这一群体的商业需要已经被商业产品满足，他们有着相同的兴趣和价值观，志同道合，具有去中心化、兴趣化等特征，中心固定、边缘分散。

3. 商业：一切环节皆体验

人不仅具有自然属性，还具有特定的社会属性。因此，在社群背后，不仅有用户和兴趣，还承载着复杂的商业生态。商业社群生态的根本价值就在于让社群中的不同消费者、不同层次的价值得到满足。

比如，在过去人们要想有个容身之所，只要有间房子就行。可是，为了在激烈的市场竞争中获胜，有的开发商想出妙招：不仅卖房子，还能让住户的孩子就近在知名学校上学；小区里还建有商铺、会所，供住户平时休闲娱乐；如果住户不在当地，还能安排保姆帮他看房……所有的这些，都大大增加了房屋的附加值。当一种生态系统慢慢形成时，一个生活和商业业态的闭环也就出现了。随着这种生态模式逐渐完善，企业为消费者提供的服务也越来越多，完善的商业体系也会渐渐出现。

“智慧社区”的建立就是基于这种商业逻辑。很多地产商和物业管理公司都充分利用互联网玩法进行传统物业改造，建立了以住宅区居民为核心的商业生态，比如万科、龙湖集团、远洋地产等。这种方式颠覆了传统的物业管理商业模式，从本质上来说，也是一种社群商业模式。

鼎言钧语

社群经济之所以会受到追捧和欢迎，是因为它传播效率更高，用户定位更精准，消费体验更好。

社群网络

互联网发展到今天，社交软件极度发达，很多企业都感受到了山雨欲来前的压抑和困惑，只有一步步拨开迷雾，才能探究到社交网络的本质特性，那社交网络究竟有哪些核心功能和属性呢？

一、社交、分享、表达

新一代的社交网络，突出强调了社交、分享和表达。这里有用户自己的交流，有信息的分享，还有用户的自由表达。

1. 社交

互联网开创了一个新纪元，人类正由个体变成万物相联的新集群。

互联网的核心本质是连接，比如机器和机器的连接、人和机器的连接。以智能手机为初期入口的移动互联网时代，最大的变化是任何人都可以产生不受时间和空间的连接。

移动互联网时代的社交，使人的社会属性空前上涨，社交成本无限降低，引发了社会形态和商业逻辑的颠覆性变局。

社交是人类的本能，是人们日常生活中的一种基本需求，尤其是在移动互联网时代，一切都与社交息息相关。

如今，社交已经成为人们痛点、痒点的集结体，无社交不生活，无社交不商业。很多行业，包括互联网媒体、电子商务、各类软件和新兴产业等的变化都与社交有着千丝万缕的联系。

优步作为一家提供叫车服务的创业公司，其出现便是对传统出租车行业的一个颠覆。优步有着明显的社交属性，从社交的角度来看，优步的价值更加显而易见。

优步的司机不同于一般的出租车司机，他们平时也有自己的工作和事业，并不依赖优步赚钱。开着豪车做优步司机的很多都是公司白领、富二代，甚至还有一些个体私营老板……他们为何要做这个？因为通过这种方式可以接触到不同的人，聊聊天，听听他们的故事，就可以了解潜在客户或用户的需求，为自己的产品和服务升级提供帮助。

优步的乘客大部分都是公司的在职白领。在写字楼里工作的人们每天都很忙，下班后疲惫不堪，自由社交时间大大减少。虽然移动互联网的碎片化社交为他们提供了更多的机会，但是这只存在于虚拟世界中，远不如见面来得真切。优步从线上虚拟社交转移到线下场景社交，满足了人们对真实社交需求的渴望。

另外，熟人圈子有着较强的连接，信息大多是互通的，使得信息的新鲜度大大降低，有效信息的价值丧失很多。优步的司机中多数都是有自己事业的人，他们或许是你的同行、你的合作伙伴，或许是跟你的事业毫不相干的人，这样一来，交谈就会新鲜很多。从对方的话语里，你可能会受到意想不到的启发。

在美国，优步搞了一次营销活动，主题为“给你 7 分钟，优步会把投资人快递到你面前”。当乘客叫的优步车到来时，一位谷歌创投的投资人会坐在车里等你，对方会给你 7 分钟的阐述时间，然后再花 7 分钟给你提供反馈意见。之后，优步还会把你免费送回家。

在国内，优步跨界与一款专注于互联网创业的社交产品“微链”合作，策划设计出了“一键呼叫投资人”活动，即通过上车后的 15 分钟，打造 2 个人的空间，近距离地交流产品、探讨商业模式。这让优步的社交属性更加突出和明显。

随着时代的发展，在工作和生活中担当关键角色的“80后”“90后”越来越多。他们明显不同于“60后”“70后”，不喜欢在家做饭，甚至不会做饭……当社交渗透到生活各个方面时，“拼饭”也就成为了年轻人热衷的一种方式。请吃饭、我请客、去哪吃等App的出现不仅满足了年轻人聚餐的需求，还方便了陌生人交友。

过去，人们下班会三两成群地下馆子，这大部分都是在熟人之间进行的，只为吃吃喝喝图个开心。移动社交的出现打破了熟人聚餐的壁垒，伴随着社交的无边界化及物价的上涨，一个人吃饭的花费往往比聚餐AA制（各人平均分担所需费用）所花的费用还要多。“拼饭”不仅解决了就餐的成本问题，还可以帮助用户结交朋友，扩大朋友圈。

移动互联网时代，社交无处不在，电影院已经不再是单纯看电影的场所，更是一个社交化场景。看电影的时候，观影者会因电影中的桥段或内容而产生交流的欲望，很容易陷入集体性孤独中，个人情感无处宣泄。

移动社交终端的兴起，使人们在观看电影的同时可以用手机进行交流。有些电影院甚至还开发了基于电影场景化的移动终端，观影者只要下载，就可以在同个应用场景下认识新朋友、联络老朋友，还可以为心仪对象点一杯饮料、要一桶爆米花、送一束花……

随着社交网络的发展，社交形式也变得越来越多样，社交场景更是丰富多彩……移动社交已经渗透到生活的方方面面，社交无处不在、无处不有。

2. 分享

将自己的兴趣、经历、成果或心情分享出去，会令自己得到满足。在做或做完某件事后，很多人都会通过手机分享给家人、朋友或陌生人，当对方表示认可、愉悦或进行互动时，分享者也会感到很开心，这就是分享带来的快感。同样，还存在着一种分享，那就是对已有物品或服务的分享——在分享平台的帮助下，帮助他人迅速有效地找到其需要的商品或服务，同样也能带来分享的快乐和收益。

在互联网思维的演绎下，分享经济更是遍地开花，开创了五种打法，同时也成就了五种典型的商业模式。

（1）关注周边发生的新鲜事，以新奇视角向公众分享。

这类模式中典型的例子就是微博，微博是一种基于用户关系的信息获取、分享及传播平台，用户可以通过各种客户端组建个人分享社区，通过“私信”发送消息，实现一对一即点对点传播。通过“关注”，实现一对 *N*（一对多）即点对面传播；通过“转发”，实现 *N* 对 *N*（多对多）即裂变式传播。微博具有即时性、群体性、广泛性、自媒体性等传播优势。

（2）站在个人兴趣的角度，把私密心情分享出去。

这类模式中典型的例子是 Facebook 和微信。Facebook 可以帮助用户与生活中的朋友、同事和家人保持联系并分享生活体验。在 Facebook 中，用户可以分享图片，发布链接和视频，增进朋友间的了解。Facebook 的显著优势在于，绝大多数用户是实名的，对用户行为数据进行细分，可以实现更精准的广告投放。

微信是国内最大的移动社交互动平台，通过微信，用户能够实时分享文字、图片和视频、音频信息，大大丰富了传播的形式和内容，提高了沟通效率。其将 QQ 好友、手机通讯录和“附近的人”等综合在一起，大大拓展了交友范围，实现了虚拟社交圈和现实社交圈的有效融合。

（3）通过生活经历、履历，把心得向特定群体分享。

这类模式中典型的例子就是 Pinterest（拼趣）、蘑菇街。在互联网读图时代，用户都喜欢看图片和收藏图片，Pinterest 实现了上传、浏览、收藏、分享等一系列功能，适合兴趣的发现和分享。

蘑菇街将自己定位为一家导购网站，核心是分享经济，用户基于消费体验而被聚集到一起。蘑菇街将时尚社区和电子商务融合到一起，为女性搭建了一个时尚导购平台。“平台 + 媒体 + 营销”三合一的方式，解决了蘑菇街自身的盈利难题。

（4）通过技术、实物、服务等资源，向需求人群提供共享资源。

这类模式的典型代表是优步等。优步是打车软件鼻祖，除了提供专车叫车服务外，还提倡“共享经济”。线上需求搭载线下服务，让闲置资源以执行任务的方式不断地流动起来。

（5）通过特定区域、兴趣向特定群体分享。

这类模式的典型代表是世界邦旅行网等。世界邦旅行网成立于 2012 年，以“一站式出境自助游”为使命，为用户专门定制免费行程，实现了在线旅行全自动化。用户可以参考达人设计的行程，在平台上与目的地的旅游服务终端商直接进行沟通，预订各种旅行产品。同时，世界邦旅行网还会为用户解答出行过程中遇到的各种问题。世界邦旅行网会给达人“积分回报”，积分可以免费兑换旅游商品。

3. 表达

大部分时间我们都是生活在场景下的，如果按过去的品牌理论进行推导，场景就是一种心智影响力。为了吸引人们的关注，很多企业或品牌都会积极推广自己的“价值”，实现购买消费的持久性。企业采取的方式有很多，比如广告、公关、促销等，不一而足。移动互联网时代，人们的认知被不断刷新，很可能会把思维的外延扩展成全新的概念。

美拍是美图秀秀出品的极火的短视频社区，具有 MV（音乐电视作品）特效功能。在 1 秒钟的时间里，一款普通视频就可以变成唯美韩剧、清新 MV、怀旧电影……用户可以在 App Store（苹果商店）、PP 助手免费下载体验。结果，美拍 iPhone（苹果手机）版仅上线 1 天，就登上了 App Store 免费总榜第一。

2014 年 5 月，在全球 iOS 应用下载排行榜中，美拍下载量排名第一。

2014 年 10 月，美拍的广场活动“全民社会摇”，创下了“最大规模的线上自创舞蹈视频集”的吉尼斯世界纪录。

2014 年 12 月，美拍荣获 2014 年 App Store 年度应用。

2015 年 1 月，美拍上线 9 个月，用户突破 1 亿人次，成为全球发展极快的短视频社区。

仔细分析起来，美拍之所以会爆红，主要有以下几个原因：

（1）角色定位。

在美拍发布前，市面上所有的短视频 App 全都主打优质内容，用户充当的是观众角色，观看其中的内容。美拍则主打拍摄，以优质的 MV 效果，让用户参与到创作中。用户在美拍里成了主角，激发了用户传播。

（2）激发用户自传播。

用户使用短视频拍摄，最重要的是可以产生成就感。视频片尾不仅会出现“导演”二字，还会加上 MV 效果，这样有效地激发了用户的分享欲，自传播也不断增强。

（3）注重用户的参与。

美拍社区运营非常注重参与感，为此策划了多项活动，其中就包括

“玩转美拍”。美拍会不停地引导用户去拍摄内容，让用户参与到话题活动中来。

在美拍引爆了短视频之后，人们经常可以看到朋友们分享的吃喝玩乐的短视频。不得不说，视频传递的信息远比图片声音文字要丰富得多，视频带给我们一种沉浸式的“场景化表达”。

这种“场景化表达”不仅能传递出更加真实丰富的信息，还能激发人们的社交本能，这将成为下一代社交网络的一个重要特性。

今天，人们的消费行为本身就带有一定的场景暗示。比如你想要给爱人准备一件特别的礼物。这时候，正好有人提醒你——你可以通过各种信息来源“选择”某个商品或者服务。如此，无论是从情感上，还是理智上，你都会和自我意识里的某个心智产生共鸣。

消费理性化、情感化都是消费决策的诱因，可是在碎片化的移动场景时代，人们的这种认知发生了变化。从传统的广告、线下的商场，到线上的熟人引荐，乃至某个信息内容的触动，都为人们提供了重新选择的机会。人们做出决策的过程，不用按照过去既定的路线选择商品或服务，只要按照移动场景提供的导购来选择消费即可。

二、垂直社交趋势的到来

从微博到微信，每天我们都会受到海量信息冲击。可是，在一些社交大平台火爆之时，有一些用户正在逃离社交大平台。调查显示，47.3%的受访者认为，微信模糊了生活和工作的界限。

2011年1月21日，腾讯推出了一款为智能终端提供即时通信服务的免费应用程序——微信。利用这些程序，跨通信运营商、跨操作系统平台等不仅可以通过网络快速发送免费语音短信、视频、图片和文字，还能够使用共享资料及基于位置的社交插件等。

到2015年第一季度，微信覆盖中国90%以上的智能手机，月活跃用户5.49亿人次，用户覆盖200多个国家和地区，使用20多种语言。此外，各品牌的微信公众账号总数已经超过800万，移动应用对接数超过8万，微信支付用户约有4亿人。

微信提供了公众平台、朋友圈、消息推送等功能，通过摇一摇、搜索号码、附近的人、扫二维码等方式，用户就可以添加好友、关注公众平台；同时，还可以将内容分享给好友，将用户看到的精彩内容分享到微信朋友圈。

如今，在微信中，充斥着家人、同事、朋友等庞杂的社会关系。随着好友数增多，信息的处理也变得疲劳而低效，这大大加剧了成本。人们对社交大平台产生了恐惧感，纷纷逃离。结果，这些逃离的用户都变成了垂直社交产品的增量，推动了垂直社交趋势的到来。笔者认为，未来打败微信的一定是从社群聚合平台做到个人社交的即时聊天工具。

1. 垂直社交趋势

垂直社交来源于现实需求，产生于有共同兴趣爱好或行为特征的一群人，比如，陌陌就集结了一群有认识陌生人需求的人，in（一款时尚社交应用）则吸引了一群爱自拍、爱炫的女孩。

为什么要单独为“一群人”做一个社交产品？答案是聚焦。特征相似的人，其用户需求更加聚焦，产品的标签更加明显，只有找到那一群人，服务才能更加精细，做的事情才会更加落地。

小恩爱是一款“+情侣”应用产品。拥有小恩爱，情侣间的沟通会变得更加有趣，彼此的生活也会变得更加丰富多彩。

在小恩爱，情侣拥有私密的二人世界，免费发送的短信、语音、图片等，只有彼此看得到。同时，用户还可以在公共社区与志趣相投的情侣们交流、分享，邀请朋友光临情侣空间，和心爱的人一起玩双人游戏等。

小恩爱所定位的需求是二人世界，其通过模拟现实世界情侣恋爱的情景，帮助恋人交流和沟通。此款交友软件共有“暂离”“约会”和“相处”三种情景，用户可以根据不同的实际情况来选择不同的模式。

任何事物的发展都有一个累积的过程，任何大趋势都是从小趋势发展而来的。谁都不会想到做情侣私密社交的小恩爱用户量能做到千万量级。

垂直社交产品的不断壮大，有力地说明了一个问题：人们想通过垂直社交产品，而不是通过关系冗杂的社交大平台来解决垂直社交需求。我们有理由相信，在移动互联时代，垂直社交会成为一股顺势而上的潮流。

2. 垂直社交产品涌现

近年来，在垂直社交趋势的推动下，一大批垂直社交产品涌现出来，如同星星之火，兴起了燎原之势。很多垂直社交产品用户量已经达到了百万量级，甚至是千万量级，而这仅仅是个开始。

毋庸置疑，随着移动互联网的需求向长尾化发展，必然会涌现出更多细分的垂直社交产品，大型社交平台也将被各类垂直社交产品分流，进入以垂直社交为主的“小社交时代”，比如“去哪吃”。

“去哪吃”是一款专注美食分享与推荐的美食类App，它可以帮用户发现身边的美食，结识有爱心的“饭友”，走到哪吃到哪。

“去哪吃”首页的主要内容是美食和餐厅推荐，通过“今日一店”“今日一菜”“美食地主推荐”“城市必吃”等多维度推荐方式，“去哪吃”将优质的餐馆美食展现在用户面前，轻松地帮助用户解决了“不知道去哪吃”“吃什么”的烦恼。

这些美食推荐内容都来自用户的UGC（User Generated Content，即用户原创内容）。“去哪吃”对这些UGC的内容进行数据挖掘和分析后，会将本地的优质美食和餐厅信息进行信息重构与推荐，在保证“有用”的前提下实现内容的可读性。

另外，除了真实的菜品图片和菜品点评外，“去哪吃”还加强了应用的美食社交属性，突出了“人”，让美食围绕人来展现，更加富有人情味。

无论是“今日一店”“今日一菜”，还是“地主推荐”“精品探店”等，都来自用户的推荐。通过这些内容，用户不仅能找到自己喜欢的美食与餐厅，还能找到兴趣一致的朋友，以食会友。

“去哪吃”不仅可以实现线上的美食交友，还能够连接线上与线下，将线上的社交关系延伸到线下。在“发现”模块里，用户可以轻松地感受到“去哪吃”的这种作用。

官方发起的同城多人线下免费活动，不仅有效解决了其他移动社交应用在社交关系落地中的信任问题，还获得了餐厅商家的认可，实现了用户、商家与平台的三方共赢。

三、兴趣+内容+魅力

1. 兴趣

从一个人关注的百度贴吧内容，就可以看出他的多个侧面。上课严肃认真的老师，可能喜欢乡村音乐；一个嘻哈非主流的小女孩，也可能喜欢足球……每个人都有多个不同的侧面，借助因兴趣连接起来的社群，才有了百度贴吧等社交平台。

Amino（移动端兴趣 App 群）是一个由 TechStars（一家美国孵化器）孵化的项目，主要是为各种兴趣化社群提供移动 App，活跃度很高。

> Amino 就像一个移动端的贴吧，只不过每个兴趣吧都是以独立 App 的形式存在的。你既可以跟用户一起建立一个贴吧，也可以加入一个由用户独自成立的相关主题社区。如果人气够旺，还有机会出 App。在每个“吧”里，用户只能发布跟这个“吧”有关的日记或帖子。也就是说，每个 App 都能够准确地圈到一个用户群。
>
> 这种思路很像贴吧，但融入了更多的移动端特色，比如，用户可以通过 LBS 社交功能认识更多与自己兴趣相同的人。如果说，贴吧是给“80 后”用的；那么，Amino 就是给“90 后”“00 后”用的。

由此可见，在互联网新生代“95 后”的社交网络中，兴趣化社交占据了极大的比重，兴趣化社群将会成为下一代社交网络的主流。

如果说实时通信应用提高了关系的沟通频率，那么网络社群则建立起了更多的弱关系连接。在社群网络上，更多的人际关系被建立起来，人们的横向联系比过去更加活跃，各种想法和经历可以在更广的范围里被共享，即使关系疏远的人，也可以借助社群网络找到共同点。关系建立的门槛大大降低。一个有力的证明就是，随着网络兴趣社群的不断发展，兴趣社交成为社交领域的大趋势。

2015 年 8 月，在首届中国互联网移动社群大会上，腾讯 QQ 和腾讯旗下企鹅智酷发布的《中国移动社群生态报告》披露，在行动社群中，同事朋友类关系群占据了 30%，兴趣群约占 60%。

从腾讯科技针对“95 后”的研究报告中可以看到，兴趣化社交在网络新生代的社群网络中占据了很大的比重，会是下一代社群网络的趋势。

从本质上来看，社交其实就是寻找话题、建立连接的过程，通过垂直化内容连接起来的社群一般都有着蓬勃的社交活力。小群体利用网站、微博、微信和邮件组交流信息、协调行动，展开的讨论和交流已经扩大到主流媒体，提高了人们对此类问题的认识。

2. 内容建立连接

社群不仅可以通过兴趣建立连接，还能通过内容建立连接。

从本质上来说，社交就是一个寻找话题、建立连接的过程。对于社交网络来说，拥有话题是一个先决条件，而话题往往是以内容为载体的，所以通过垂直化内容连接起来的社群通常都具有蓬勃的社交活力。而 Pixiv（P 站，插画交流网站）社区，就是一个通过垂直内容建立起来的典型社交案例。

Pixiv 是一个日本的同人漫画社群，主体是一个被插画艺术特化的社交网络服务网站。在这里，画师们可以自由张贴自己的同人作品，漫画爱好者只要进入这个社群，就可以在上面淘到自己想要的东西。

目前，Pixiv 主要接受的投稿有插画、漫画、小说三类内容。Pixiv 通过标签系统，对用户的作品进行分类和搜索，主题来源可能为日本动画、日本漫画、电子游戏的同人艺术，或者是纯粹的原始艺术。如果图片内容只适合成人而不适合儿童观赏，便会通过一种过滤器将内容分开，避免儿童直接浏览。

每幅作品的页面都设有评分、问卷调查、标签、添加书签、留言和作品回应等功能，鼓励用户积极参与。用户有可以自定义的个人主页、留言板、活动公告和展示自己喜欢作品的书签栏。

如果想在 Pixiv 浏览和投稿，必须注册一个账号。Pixiv 对注册者的身份没有做过多限制，不需现有账户成员提出邀请，但禁止一人拥有多个账号。Pixiv 设有作品排行榜，作品得到的总分会对它们在排行榜上的位置产生影响。

Pixiv 虽然是个定位比较小众的社区，但是在 2014 年 2 月，其注册用户却超过了 1000 万人，原创作品突破 4000 万张。这类看似小众的社群正在走向主流，这也将成为下一代社交网络的重要形态之一。

3. 魅力人格社群

何为“魅力人格体”？这个词首次出现在罗振宇的《罗辑思维》节目中，罗振宇是这样解释“魅力人格体”的：“任何具备独特性格、个性、魅力的符号，我们都可以称之为‘魅力人格体’。”《罗辑思维》开播以来，罗振宇凭借自己独有的魅力人格征服了大量热爱智慧、寻求真相的人群，形成了一个以罗振宇的魅力人格为基础的社群。

李宇春出道至今，在电影里几乎都是饰演配角，可是不管在各种首映式、见面会上，还是在微博上，她的粉丝——玉米们都异常给力。而且，不论李宇春演技如何，至少在《十月围城》《龙门飞甲》《血滴子》中，她都表现得很努力，这就是魅力人格。

2013 年，雅安发生了地震，李宇春发了一条祈福雅安、支持救灾的微博，点赞数居然超过 45000，被转发和评论超过 26 万次，约 270 万名粉丝组成了一个具有相当规模的社群。而李宇春的贴吧，在 2017 年，关注用户达 119.9 万人，帖子数达 7.1 千万。

正是因为有了这样的魅力人格，李宇春靠着社群运营，成为华语乐坛走红速度非常快、发展非常成功的女艺人之一。

这就是魅力人格的突出体现。人如此，社群亦如此。

社群通常都有着强大的驱动力，运用游戏化规则，社群会形成一种自组织，有力地推动社群化社交的运行。

通过自媒体的魅力人格体，吸引志趣相投的人参与到社群中，就能够形成独特的社群化社交网络。这种社群化社交是下一代社交网络的重要组成部分，社群化也会成为自媒体进一步发展方向。

鼎言钧语

社群作为社交商业的一部分，我们要利用好它，必须先清楚在社交商业里，哪些是核心关键的行为，要不断重复，达到我们期望的目标。

第二部分

亲历社群：更快更准

社会是由人组成的，人需要各种组织的庇护，只要有共同的兴趣和沟通媒介，就可以组成社群。这是由人的归属本性决定的。人们期待新事物、期待变化、期待被关联。社群作为一种新的组织形式，逐渐改变了我们的生活。有了社群，互联网也就变得不再虚拟，越来越真实，越来越有温度。

——雅虎前副总裁赛斯·高汀

第四章
细分社群
——运营品牌社群大前提

移动互联网正时时刻刻地催化更新的速度，现在任何一个人都不敢保证一个东西是永久不变的。在移动互联网和O2O创新层的发展中，各行各业都无法预测到下一个新的需求是什么。可是，面对越来越年轻的消费群体——从互联网成长起来的年轻人，很多企业领导都觉得，自己对创新和需求的洞察能力正在渐渐变弱。

在我们身边，越来越多的消费者都开始依赖同辈反馈和朋友圈意见，初次使用产品的人会极大地影响该产品的形象，进而影响传统企业的发展，这不仅会为传统产品注入互联网元素，还会为其提供更为广阔的市场；他们是天使用户、忠诚用户，在需求最大的互联体验过程中，会为新产品加冕。

不同类别的社群

细分社群来自于市场细分的概念，传统意义上的消费群体细分把消费者分割成了一个个互不联系的群体。而移动互联网时代的消费群体细分，却是联系在一起的。

对于一出生就生活在电脑、手机、互联网环境中的年轻消费群体，哈佛大学法学院副院长约翰·帕尔弗里称他们“生于数码”，他们就是第一代互联网原住民。今天，谁是你的消费者？在移动互联网浪潮中，哪些消费者更有影响力？如何定位移动互联网浪潮下的消费者？其与传统细分有何不同？这些群体主要包括以下几类。

1. 普通的移民群

普通移民群，通常都关心新技术。他们收入不高，是移动技术的最后进入者，只有等到技术能简化自己生活的时候，或许才能被这个族群所接纳。可是，如果孩子为他们购买了价格在 799 元以上的红米手机，他们也会欣然地用手机看电视节目，或者用微信和好友语音通话。

2. 骨灰级的发烧群

这一群体通常都对移动产品和相关技术非常感兴趣。他们希望自己在社群中具有影响力，即使自己无法承担昂贵的苹果手机或三星高端手机的价格，也不会给自己贴上中低端的标签。他们会在小米论坛中享受新的乐趣，热衷于抢号。

3. 土豪式的发烧群

这个群体对数字媒体充满了热情，对高端手机或移动上网功能异常感兴趣，只要出现新产品就会使用；他们非常关心自己的家庭体验，会为自己的家里配备乐视电视；他们喜欢追随潮流时尚，喜欢小米盒子，会为自己的电脑配备大尺寸的显示器……这个群体在乎家庭体验或移动享受，代表了非常重要的细分市场。

4. 忠诚的领航群

这个社群是其他所有社群的领航员，会对大众产生巨大的影响。他们在市场中的影响比重很高，群体非常大，会将自己的钱花在移动互联网设备和服务上。

社群发生巨变的原因

任何事情的出现都是有原因的，社群发生变化也是如此。今天，之所以会发生社群的巨变，主要原因就在于以下几点。

1. 互联网的信息传播速度和聚合

如今，各种信息唾手可得，热点生成速度飞快，各种数据可以实现快速比较，完整的市场轮廓已经形成……所有的这一切都是促使社群发生巨变的重要原因。

2. 颠覆性产品所用的信息平台

开发者创造和推出了颠覆性产品所用的信息平台，为消费者相互沟通、分享心得、参与生产和创造提供了一个便利的平台。有了这个平台，性格相同、爱好相同、兴趣相同的人就会聚集在一起，形成不同的社群。

3. 与试用者保持紧密的联系

在众筹模式下，产品筹集资金的过程也是完成销售的过程。在产品测试的过程中，用户已经顺利完成预订。即使广告狂轰乱炸，消费者也不会据此购买某个产品，只会依据自己的兴趣等待自己喜欢的产品上市。

4. 消费者个性化的需求

移动互联网时代，不管是规模化的定制，还是私人定制，一种产品成功与否，完全取决于它是否对客户开放。同时，还要看它是否能从消费者的意见和反馈中获得信息，之后满足消费者的个性化需求。

5. 无处不在的移动网络

如今，移动网络已经将零售和 O2O 带入了一个新的时代。在过去，是广告引导消费群体选择产品，而现在，消费者可以随时随地从其他消费者的评价中，收集到产品的价格、质量和服务信息。每个人都非常希望看到自己喜欢的产品在更年轻、更庞大的受众中流行，互联网的出现，让这种希望变成了现实。

社群三种类型

如今，社群一共分为三大类：

1. 产品型社群

产品型社群的核心，是“功能”和“需求”的持续性连接，最典型的例子就是小米手机。

小米的社群形态是“产品＋社群＋粉丝”，其中产品是支撑整个社群存在的基础；社群是入驻的商户，是第一批忠实粉丝，也是整个社群运转的核心参与者；粉丝是来往的人流，是社群生态实现交易闭环的关键。从小米 m1 到小米 6，从小米手机青春版到红米手机、红米 Note……小米的整个产品线，不仅覆盖面比较广，而且还在不断扩展延伸。只要用户有需求，小米产品线上就会出现匹配的产品。

产品的功能性作用，满足的也是用户的需求，因此小米要想将自己与市场上的同类产品区别开来，就必须以高性价比为噱头，甚至给用户让渡一部分利益。一旦用户觉得自己捡了大便宜，自然就会以最快的速度聚集起来，持续关注小米的产品，因此直到目前小米依然在靠高性价比维持整个社群。

此类社群以产品为主，要想具备持续的产品迭代更新和创新驱动能力，就要不断地刺激用户需求，保持新鲜感。

2. 情怀型社群

情怀型社群的核心点在于“魅力人格”和“情感寄托”的持续性连接。在互联网时代，品牌靠的就是一种“榴莲精神”——喜欢的人会爱它到骨髓，不喜欢的人则对它毫无感觉。根据品牌偏好，人们会主动形成不同的小圈子和不同的社群。这类社群的典型代表是《罗辑思维》。

《罗辑思维》是社群经济较早的定义者和实践者。2013 年，其第一次试水付费会员制，仅用了 6 小时，便从粉丝的口袋中“捞”出了 160 万元；第二次，仅用了一天的时间，其就通过招募会员收入 800 万元。如今，VC（Venture Capital，即风险投资）圈对《罗辑思维》的估值已达 1 亿元，社群商业的力量可见一斑。

仔细研究就会发现，《罗辑思维》之所以能够讲一个远远超越自媒体的大故事，是因为它产生的“连接”价值更大。《罗辑思维》每期视频（媒体）的点击量超过100万次，微信粉丝多达108万人。计算一下这100多万个微信活跃分子的社交链，可以发现，去掉重复好友，按每个人通讯录有100个好友计算，其覆盖人群就多达1亿人。而且，其中大部分还是微信上异常活跃的、属于铁杆粉丝的、代表未来的年轻人。

《罗辑思维》具有巨大的未来商业价值，其成功与它独特的社群运营模式有着密切的联系。《罗辑思维》采用娱乐节目的玩法，安排很多讲故事的高手，提出了鲜明的社群价值主张：有种、有趣、有料。因此，讲出来的故事最能贴近用户的“刚需”。

《罗辑思维》的创始人罗振宇本人“死磕自己，愉悦他人”，在互联网媒体中开辟出一条新路，简直就是个“异端”。正是因为他的不同凡响，“罗胖”这个魅力人格体才能吸引百万量级的用户，并将其聚集成一个气味相投、互相信任的社群。

3. 结构型社群

结构型社群的核心点在于社群成员间，即人与人之间的持续性连接，结构型社群还可细分为知识型社群和关系型社群。知识型社群如李善友的颠覆式创新研习社；关系型社群，其代表为正和岛、黑马会等企业家精英社群。

鼎言钧语

当承载信息的载体发生改变时，人际关系的聚合方式也随之改变，新商业也就随之孕育而生。

第五章
用户社群
——构建社群关系的关键

在每个品牌的背后都有一群品牌的偏爱者，这些偏爱者会随着移动互联网和社交媒体的成长而成长，他们善于表达，会支持品牌后面的某种品质，会紧跟脚步，坚定不移、始终如一地跟随品牌蕴含的每个产品和每步发展。

移动互联网时代，社群已经成为消费者与品牌之间的情感联系纽带。赶紧找到你的品牌偏爱者，把他们紧紧地团结在一起吧。

怎样才能在众多成员中找到核心用户

如今，传统的社会经济障碍已经不复存在，通过移动互联工具，人们不仅可以与好友或熟人重新建立联系，还可以结识新朋友，甚至和许多偶然相遇的人形成一个“弱关联型”的交际圈。而对于企业来说，品牌价值是十分重要的核心资产，如果用户选择你的品牌，愿意为你的品牌付出更多的溢价，企业就会发展良好；同时，用户也会因购买你的品牌而感到骄傲。

社群营销的前提是吸纳众多用户，可是不管你拥有多少用户，最重要的工作就是维系与他们之间的关系，进行互动交流。那么，核心用户扮演的是什么角色？他们的作用有哪些？哪些人才是核心用户？如何维系和发挥核心用户的作用呢？现在，就让我们来看看，伊米妮是如何找到核心用户的。

2011 年伊米妮还是一家小网店，产品也比较杂乱。但是，它的用户却非常集中。这群用户的特点是：一看到自己喜欢的包就要买，认为“一个女人穿的衣服再漂亮，如果没有合适的包包搭配，就谈不上是有品位的女人”。

伊米妮将这类人群作为自己的目标用户：每年她们不止购买一两个包，而是多个；她们喜欢在自己的圈子里谈论伊米妮，讨论产品的新功能，鼓励周围的人购买产品；她们会通过特有的方式对自己喜欢的品牌进行传播，她们身边会围绕着一群参考她们的意见而购买伊米妮包的用户。

由此可见，要想从众多成员中找到自己品牌社群的核心用户，并将他们聚集起来，一般的做法是：清楚自己企业的目标用户主要是哪些人，清楚自己心目中的理想用户是哪些人。在清楚以上两类目标用户以后，规划聚集自己的目标用户和理想目标用户。

在活动中，用户会将自己对品牌的喜爱表现出来，慢慢地核心用户就会被区分出来。如果你的客户是一群比较感性的富有浪漫主义的女性，就可以根据旅行等她们容易感兴趣的话题来策划活动，鼓励用户参与其中，逐渐将这部分用户聚合起来。

通过对用户的分层，你就知道该如何和活跃用户互动了。他们会成为企业的声音、品牌的声音，在一个非常活跃的层面，带动身边的人，带来很大的影响力。

1. 核心用户的作用

核心用户的作用主要体现在以下几个方面：

（1）忠实地追随你。毋庸置疑，只有一直追随品牌、维护品牌的用户才能称得上是忠实的追随者。如果品牌基于用户的忠诚度，能够给他们更高的回馈，就会给他们带来更强的荣誉感、更好的用户体验和更高的忠诚度……这样，他们就会更加愿意跟随你。

（2）积极反馈问题。基于品牌在市场上的反应，核心用户会向品牌提出问题。而这些问题，都是需要品牌正视和解决的。有了这些反馈，企业就可以以此为依据，对自己的产品进行改进，制作出更加契合用户需求的产品。

（3）发起需求。核心用户会代表众多用户向品牌提出价值诉求，而这些价值诉求正是品牌应该去捕捉的消费者需求。了解了用户的需求，品牌就可以通过多种途径来不断地推出产品和服务。

（4）积极传播信息。忠实粉丝通常都是忠于品牌的，他们也希望自己喜欢的品牌具有更高的知名度，会义不容辞地传播品牌的正面信息，可能还会担当起为品牌正名的职责，这往往比品牌专属的媒体公关部还有效。

（5）体验的促进者。核心用户可以代表大部分用户，优先体验品牌准备开展的商业行为，并提出改进意见。

2. 找到你的核心用户

（1）了解核心用户的特点。究竟什么样的用户才是你的核心用户呢？

概括起来，核心用户通常都有这样几个特点（见表5－1）。

表5－1　　核心用户的特点

特点	说明
有前瞻性	不是什么人都能够成为核心用户，尤其是对于一些产品迭代非常快速的品牌来说，只有具有一定前瞻性的用户，才能带来极高的价值。因此，核心用户通常都有着一定的前瞻性，眼光锐利，思维敏捷
发现力敏锐	能够进入核心用户圈的人，通常都对产品趋势有着极强的识别能力，他们有着敏锐的发现力，善于观察，善于发现，而所有的这些都非常有利于产品创新
人际圈宽泛	核心用户通常都喜欢人际交往，人际圈比较宽泛。对于品牌来说，这类用户的价值并不高，对于传播所起到的作用也很有限，但他们有着宽泛的人际圈，可以自己将品牌信息传播出去，提高品牌知名度，而这正是发展核心用户需要着重关注的
荣誉感强	核心用户通常都有着极强的荣誉感，即使自己不是企业内部人士，也会关心企业品牌的发展。有时候，他们对品牌的喜爱程度甚至超出了品牌对其的设想。如果品牌赋予核心粉丝极高的荣誉，他们定然可以为品牌提供源源不断的信息

（2）挑选核心用户。

①发自内心的热爱。用户赞同本社群的价值观，相信来到这个社群可以到达新的高度。不论经历如何、背景如何，只要用户是本社群的价值观拥护者就可以，因为只有发自内心热爱社群，才会真的深入社群。

②乐于享受分享。用户有自己擅长的领域，能发挥自己的价值，喜欢分享，懂得享受分享带来的乐趣。

3. 维系和发挥核心用户的作用

不可否认，核心用户对于品牌的发展和传播有着重要的意义，因此一定要维系好同核心用户的关系，发挥好核心用户的作用。那么，该如何发挥核心用户的用处呢？

（1）体验新产品。在新产品上市前，企业可以邀请核心用户进行体验，借助 HiShopV 商城（海商微商城）的微投票功能，让用户提出自己的意见。通常他们是很愿意做的。这样做不仅可以实事求是地将产品状况反映出来，还可以通过一种自然的途径将产品传播出去，有利于新品的上市预热。

（2）在线上进行互动。核心用户都有着宽泛的人际圈，企业可以鼓励他们在线上积极互动，并积极参与各式各样的互动活动。这不仅可以调动核心用户的积极性，还能够增加其黏性和活跃度，增强他们对品牌的依赖和归属感。

（3）在线下有效互动。相恋不如见面，在线下，企业也要举办一系列活动增进与核心用户之间的情感联系。一旦有了真实的认识，核心用户就会更加相信你、认可你。

（4）建立自己的圈子。要想建立核心用户圈子，让用户成为朋友，企业最好建立一个区域论坛，将不同地区的用户按照地缘关系联结起来。同时，企业还可以让一些积极用户管理论坛，赋予其管理的权力。

鼎言钧语

社群运营本质上是在经营人的需求，永远找到认同自己的人，来开拓、发展和壮大社群，是经营好社群的基石。

如何才能找到自己的“脑残粉”

我们可以这样对用户进行区分：一类是口碑传播者，一类是普通用户。后者基本潜水，不太发声；而前者则会积极为品牌做宣传。

每个品牌都有一批口碑传播者，只不过有的多些，有的少些而已。这类人也叫作意见领袖、品牌大使、喷嚏者、倡导者、影响者等。

2013年，由凡茜品牌发起的“100名凡茜女孩成长计划”在全国全面展开。经过两年半的努力，凡茜女孩大军已经确实发展到了100名。

每个凡茜女孩都有自己的独特特质，她们的职业不同、圈子不同，可是却都在用自己的方法影响着身边的群体。同时，从微博到微信，到线下活动，再到上电视节目成为代言人，她们都积极参与了凡茜品牌的线上线下互动，成为企业品牌的免费代言人。

这些意见领袖靠着个人的独特魅力，在自己的人际圈子里扩散着品牌的信息。他们热爱品牌，推崇品牌，愿意为品牌的发展贡献力量。更有甚者，还成了“脑残粉”。

“脑残粉”是随着现代社会的发展而出现的一个名词。有些人对名人和品牌极度痴迷，疯狂追求，以致失去了个人理智。同时，对任何不利于他们所追求的名人或者品牌的言论，他们都会展开猛烈攻击，甚至伤及无辜；他们经常会与他人发生口角，导致大规模“网络战争”……这些人就是典型的“脑残粉”。

如今，在“脑残粉”的词性中，褒义的成分更多一些。如果一个明星没有一批“脑残粉”，那就只能说明他还不够红；如果一个品牌没有一批“脑残粉”，只能说明它发展规模还不够大。事实证明，大多数红极一时的品牌都有自己的“脑残粉”。

1. 小米“脑残粉”：我们是“发烧友”

小米手机虽然存在一些问题，可是小米却拥有数量众多的“脑残粉”，简直让人觉得有点不可思议。在小米推出工程机的时候，小米“脑残粉”纷纷掏腰包购买。连工程机都可以买，还有什么不能忍受？最主要的是，他们还标榜自己是小米手机的“发烧友”，足以把使用苹果手机的人“鄙视出一条街”。

2. 特斯拉“脑残粉”：你烧吧，我们继续买

2013年10月1日在美国西雅图南部的公路上，一辆特斯拉豪华型轿车发生车祸，车辆起火。有人将事故现场拍成图片发布到网上，事故消息迅速传播开来。

可是，无论是国外的推特，还是国内的微信、微博，抑或各大论坛，众多网民依然坚信特斯拉仍旧是世界上最安全的汽车。特斯拉之所以会起火，并不是因为本身的问题，而是出现了一些客观不可控制因素。结果，特斯拉股价越烧越涨。

更重要的是，特斯拉的“脑残粉”还十分“高大上”，其用户名单中有小米创始人雷军、果壳网创始人姬十三、知乎CEO（首席执行官）周源、去哪儿网CEO庄辰超……

3. 苹果“脑残粉”：敢去卖肾买iPhone

苹果是拥有众多“脑残粉”的品牌之一，客户群体覆盖异常广泛。一旦出现了新款苹果手机，中国的苹果“脑残粉”就会没日没夜排队购买。苹果手机遭到中央电视台的曝光，结果这些人日夜为苹果据理力争；更有甚者，为了买iPhone，甚至还去卖肾。

4. 百度“脑残粉”：只为李彦宏

很多“脑残粉”之所以会喜欢百度，只是因为李彦宏长得太帅。

百度世界2010大会现场有大量的李彦宏粉丝到场，有个别参会人员还临时客串黄牛党，倒卖门票。有的粉丝甚至还说："就是为了看一眼Robin（李彦宏），让他在书上签个名。"可是，对于百度大会的具体内容，该粉丝却知之甚少。

5. 阿里巴巴"脑残粉"：用实际行动支持马云

"淘宝围城"事件之后，阿里巴巴用户走了一大批。不过，"脑残粉"都留了下来。他们用行动支持马云，支持阿里巴巴。

鼎言钧语

如果一个社群能把价值观上升为信念，由信念直接推至信仰，这个社群就会具备很强的生命力，将会生生不息，"脑残粉"是信仰阶段的产物。

如果"脑残粉"是核心粉，如何扩大这个圈子

怎样利用"脑残粉"？这是一个系统问题。每个企业的背景不同、行业不同、用户群不同、商业模式不同，采用的社会化媒体工具、平台和策略也会显出很大不同。目前，社会化营销做得好的电商品牌，一般都会使用微博、微信、博客、QQ群等平台进行宣传。可是，不能就此认为社会化营销就是微博和微信，其实其涉及的模式有几十种，比如组织创意活动。在社交平台上，举办各种创意活动、竞赛，是争取粉丝的一种有效方法，这种方法一是成本较低，二是相互影响的激励性高。

"脑残粉"具有这样的特点：他们时刻关注着某个品牌的动向，包括

店铺、微博、微信。不管是在生活圈，还是在微信、微博，甚至QQ空间中，他们都会不时地将该品牌和产品有关的动态呈现出来。他们不仅会对自己的圈子产生影响，还会对品牌的众多粉丝产生影响。如果有人在暗处诋毁自己信赖的品牌，他们就会站出来据理力争。

吐火罗在互动时推出过一次“慢旅行”概念。这是一个自由旅行的概念，受到了用户的追捧。有些用户平时出门旅行的时候，就会拿吐火罗的产品当道具一样进行分享。拍的图片都非常用心，让人感动。

如果“脑残粉”正好是你的核心粉，就要积极组织有价值的品牌社群，比如积极培养和鼓励“脑残粉”分享；建立由热情的“脑残粉”构成的多个社群；创造机会，让“脑残粉”感受意外和惊喜；与他们经常沟通，倾听他们提出的建议；不断完善产品、服务和营销，逐渐培养他们的使用习惯……当然，要想做到这一点，还要有个前提——产品和服务必须有特色，营销模式必须要创新，如此才能生产出能让“脑残粉”尖叫的产品，才能受到他们的青睐。那么，如何才能扩大“脑残粉”这个圈子呢？

1. 爱上那些“粉”你的人

“粉”你的顾客不仅会参加到你的产品构建中，还会反复地购买你的产品，或者恨不得把整个家都摆满你的产品，把所有的系列型号都买下来。他们不仅会不遗余力地向周围的亲朋好友宣传你的产品，还会在微博、博客、朋友圈炫耀自己钟爱的型号，如数家珍。因此，对于这样的人群一定要“爱”。要多给他们一些爱，让他们感受到自己在被“爱”。

（1）透明与信任。任何一个人都希望获得别人的信任，“脑残粉”同样如此。如果你给予其充分的信任，那么对方会唯你是从。同时，人们都喜欢信息透明化，当你在“脑残粉”面前是一个“透明人”的时候，他自然会信任你。

（2）执着于有价值的目标。“脑残粉”其实并不“脑残”，只不过比其他人更加痴迷于一种产品罢了。这时候，要想扩大这一群体，就要确定一个明确的品牌发展目标，并不断做出努力。当人们觉得你的这个目标是有价值的时候，就会主动加入“脑残粉”的行列，为你的品牌着迷。

（3）真实和人性。人们都喜欢跟真实的人交往，喜欢真实的事，不喜欢虚假；喜欢人性的张扬，不喜欢刻板……如果你的品牌是真实的，是寓于人性的，自然会受到人们的喜欢，他们更会为你的产品做宣传，直至深深地爱上你的品牌。

（4）为用户提供支持。任何一个人都不是完人，都需要他人为自己提供某方面的帮助。当他们遇到问题或困难的时候，如果你能够伸出援助之手，支持他们，鼓励他们，他们定然会对你心生好感，继而爱上你、迷恋你。

（5）真诚地道歉。在发展过程中，每个企业和品牌都会犯错或者出现问题，只不过有的大有的小而已。这时候，怎么办？聪明的品牌就会向用户真诚道歉，会主动承担起自己的责任。这样，即使顾客心存不满，也会选择原谅，甚至还会给顾客留下一个好印象，成为回头客，渐渐地喜欢上你的产品。

能够聚合用户的公司和产品定然有其与众不同之处，如果想扩大自己的粉丝群，就要主动向它们学习。把自己当成一个普通人，通过互联网渠道像朋友一样对待客户，这样，每个客户在通过渠道接触你时都会感到温暖。

2. 拥有“天使用户”很重要

“天使用户”是企业十分重要的资产。他们是你最忠实的用户，以你的产品为荣，你每次举办的活动他们都会深度参与，对于你的每一次创新都会表达他们自己的意见，恨不得自己就是你的产品经理。

这类用户是最强大的口碑营销成员，他们会把使用产品的体验、感受分享给每个朋友、家人。他们不允许他人贬低自己钟爱的产品；他们会给产品提出很多改进意见，并真正参与其中。

这些坚强、忠诚的用户，以前散落在各地；今天，他们靠着互联网紧紧围绕在产品周围，纷纷集中在论坛、微信群、QQ 群等各种社会化媒体中，并团结在你周围。

如何才能找到这样的群体呢？

（1）在寻找的过程中，最初用户群体的定位越小越好、越集中越好。尤其是首个新产品定位的第一步，最好把原点精确收缩。

（2）在定位用户群的时候，不要在一开始就找一个超级宽泛的定位，更不能找一个非常庞大的用户群。

拥有“天使用户”后，企业就可以向更多的用户扩张。可是，并不是所有的产品都能遇见自己的“天使用户”，更何况许多产品在最初连自己的定位都不清楚，所以对于大多数产品来说，即使通过老客户、朋友或同事关系得到了第一批“天使用户”，也应该确立一些共性标准，比如喜欢接受新事物、比较熟悉产品、价值观与产品吻合、具有一定的行业影响力等。

3. 不断扩展用户群体

尊敬第一批用户的需求，与“天使用户”保持互动，不断获得反馈信息和修改建议，是获得第一批重点用户的基本方法和必经过程。

在扩展用户的过程中，企业要引导消费者更深更广地参与交互过程，让消费者掌握更多的产品信息、使用信息、价格信息等；同时，参与的“领先用户”也能从消费者的评论、建议中获得更多产品升级的灵感和市场信息。当整体粉丝和社群处于兴奋状态并充满热情时，影响力就会自动扩散开来。

当然，要想持续保持用户的扩展和社群的有效运行，也需要遵循一些基本理念。

（1）不仅要根据市场来设计产品，还要让消费者在其中表达他们的意见；不仅要策划一个活动，还要帮助品牌建立一个社群；不仅在售前售后，还要在整个过程中实时地了解消费者对品牌的看法；不仅要宣传品牌信息，还要将品牌融入消费者的情感共鸣；不仅要倾听社群的声音，还要将自己融合进去。

（2）不管你是使用论坛、微信、微博，还是利用消费者欲望构建粉丝群体，都要促进群成员之间的相互交流，都要将社群成员变成社群影响者，将运营社群作为一个长期的工作，做好社群载体或渠道的建设和维护。

鼎言钧语

社群让创造价值和实现价值之间的距离变得更短，效率更高，经营并维护好社群的忠实成员，是巩固和发展社群的运营成果的核心关键。

依靠价格战，可以造就好的用户圈吗

对于价格战，很多人都是认可的。

有人说，价格战是市场经济的必然产物，是市场营销的重要组成部分，它可以让消费者直接获益，可以在最短的时间里促进市场扩容，可以提高社会购买力，扩大内需。

有人说，价格战可以淘汰掉劣质产品的生产商，可以除去谋求短期利益的人，可以有效遏制重复投资，使社会资源得到合理整合与利用。

有人说，不断的价格战可以使行业产品价格逐渐逼近成本。

……

虽然价格战确实能够给我们带来很多好处，但不可否认的是，价格战是以牺牲利润为代价的，无异于饮鸩止渴。长期使用低价策略，利润必然会减少，相应地，研发、技改、营销、管理等领域的投入就会减少，影响企业的发展后劲；而发展后劲不足又会反过来进一步影响企业的经营业绩……这样，企业很容易陷入恶性循环。由此可见，单纯地依靠价格战，是无法打造用户圈的。

价格战和用户圈不是一个概念，用户也是普通人，用户也是需要促销的。但企业不能长时间搞促销，必须用产品营造故事和话题来吸引他们，应该让用户感受到你们的用心和真诚。比如，企业可以让用户自己来策划旅行，一旦企业在微博上发起了这样的话题，就会引起强烈反响。

古语说得好："得民心者得天下。"在移动互联网时代，这句话也许要改为"得用户者得天下"。如今，品牌影响力的大小，要看用户的多少；

企业能否取得发展，更要看用户的多少。毫不夸张地说，谁掌握了用户，谁就找到了发展的金矿。

企业只有把用户组织起来，并让其具备“自我生长”的能力，才能建立起真正的用户社群。那么，如何才能将用户组织起来呢？

1. 制定规范的用户群纲领

每个组织都有其目标和纲领，用户群也不例外。因此，如果想让自己的用户群具有凝聚力，就必须制定出展示品牌理念的用户群理念和行动纲领。比如，凡客诚品在其公告栏上是这样写的：“是平价快时尚，是人民时尚，是正能量。”而这就是它的用户群纲领。

2. 和用户真诚地互动

找到潜在用户后，必须跟他们建立起一定的情感联系。如何建立情感联系呢？除了频繁互动外，没有更好的方式。比如，黄太吉等官微通过与用户互动和对话，不仅建立了情感联系，还培养出了一批忠实用户。

2010 年马中才开了一家小吃店。他用微博营销助推螺蛳粉生意，只用了 3 个月的时间就收回了前期的 10 万元成本。如今，他主攻电商，在自己的淘宝店去卖真空包装螺蛳粉。2010 年 7 月，第一家“螺蛳粉先生”开张，当时店里只有 5 张桌子。一年后，他又开了第二家“螺蛳粉先生”门店。

“螺蛳粉先生”的红火离不开微博。马中才率先利用微博推广订餐活动，并且几乎每天都与用户互动，比如：“这个豆泡好肥哦，一块钱三个，划算不？”“今天开始有小螺蛳了哦。哪位“童鞋”喜欢吃的请预订哦。”

马中才使用的原料都是从广西运来的，制作的菜品量大实惠；再加上好友纷纷在微博中晒“螺蛳粉先生”美食，“螺蛳粉先生”的微博用户数很快破万，13 天就卖了一万碗，销量惊人。

“螺蛳粉先生”的成功再一次说明，要想打造好的用户群就要积极和用户互动。

3. 积极寻找“铁杆用户”

何为“铁杆用户”？“铁杆用户”指的是不管你创造出什么作品或产品，都愿意付费购买它的用户。他们愿意驱车 30 千米来听你的讲座，愿意在社交网络上关注你发的每一条消息，会迫不及待地等着你推出的下一个产品……找到你的 10 个、100 个、1000 个“铁杆用户”，他们可以帮你不断改进产品，做口碑宣传。

“铁杆用户”如此重要，那么如何打造这 1000 个“铁杆用户”呢？首先，你要拥有首批“铁杆用户”；其次，要积极地做一些令对方称道的事；再次，要经常与用户进行互动；最后，等待用户爆发……如果你可以给他们带来产品使用价值、知识技能价值、生活品质价值和精神愉悦价值，还可以让他们了解意见领袖在微博、微信、QQ 空间中的每一个动态，他们就会成为你的“铁杆用户”。

“铁杆用户”是企业微博用户群的基石，只有利用好了，用户群才会富有活力和生命力。对于忠诚度高的用户，可以给他们提供一些回馈礼品和试用产品，让他们将自己的用户体验在微博上展示出来，以便吸引更多的朋友成为你的用户。

4. 为用户创造展示自己的机会

微博不是一个展示企业的平台，而是一个展示用户风采的平台。官微的运营者不仅要在用户的评论和互动中捕捉好的内容，还要在官微上进行展示。同时，官微运营者也可以发起一些 UGC 的话题讨论和互动，鼓励用户积极参与，激发用户的创造力。

5. 让用户之间也成为朋友

同一个企业微博的用户，大多都是志趣相投的人，彼此之间肯定有很多共同语言，也有可能成为朋友。因此，企业可以通过建立共同 QQ 群或者举办线下活动的方式，让他们有机会在一起交流，甚至成为朋友。一旦他们从你这里获益，就会更加感激你、支持你。

价格战的核心是促销，属于营销的初级阶段，无法做出品牌。社群商业主要利用人的精神、道义、情怀来连接消费者，是成功的商业发展和进化的方向。

第六章

目光长远

——放眼社群经济的未来商业趋势

从雷军的小米，到罗振宇的《罗辑思维》，再到罗永浩的锤子手机，虽然今天讨论他们的成功还为时尚早，可是，这些鲜活的案例，却在预示着一个新的商业时代的到来。这个时代的核心，有人说是互联网思维，有人说是草根逆袭。笔者则认为，这是一个不同于工业化时代的社群经济时代。

在规模经济时代，规模越大越经济，品种越少越好。可是，在不久的将来，这个规律很可能会倒过来——谁能尽可能地满足长尾末端的需求，谁在未来的盈利能力就越强。互联网经济是一种长尾经济、范围经济，社群、用户自限规模是未来商业的自觉。

无用户，不营销

用户和消费者的区别是什么？企业和用户之间存在一种情感纽带，其行为已经超越了消费行为本身，因此，一个品牌要想提高影响力，要么将用户变成消费者，要么就要把消费者变成用户。

> 乔布斯做过的最重要的事情就是把客户变成激情倡导苹果品牌的布道者。每当有新的 iPhone 上市时，拥护者就会彻夜排队等在苹果零售店外，即使这款苹果手机只是对去年的 iPhone 做了一些小小的改进，他们也会乐此不疲地购买。
>
> 可以肯定的是，拥护者并不是为了那款手机等在那里的，他们这样做是为了表达自己对苹果的支持。果粉们不认为自己是顾客，他们觉得自己是苹果的一部分，代表着一种高于自己的使命。
>
> 2014 年 9 月 10 日，2014 苹果秋季新品发布会召开，外界原本以为这场发布会不会引起多少反响，但事实并非如此。首先，iPhone 6 和智能手表引起了众多吐槽；其次，在一片吐槽声中，苹果宣布再创销售奇迹。
>
> 虽然存在一些恶评、吐槽，可是却丝毫没有影响苹果新品的市场表现。2014 年 9 月 15 日，苹果宣布两款 iPhone 6 首日预订逾 400 万部，这个数字着实令人震惊。

社群时代的新商业规则是：用社群去定义用户、经营社群，挖掘出基于核心产品的延伸需求。这一点，跟工业时代“产品为王”的“先定义产品，再寻找消费群，然后经营用户”完全不同。

当今时代，无用户，不营销！很多人都在兴致勃勃地运作自己的微信平台，通过活动吸引众多拥护者。可是，任何人都无法保证在营销活动结束后，平台能“不掉粉”。一定要记住：留住用户比吸引用户更重要。

1. 用好的内容留住用户

在移动电商时代，以微信为代表的平台不仅有着较强的社交属性，还具有较强的媒体属性。也就是说，微信社交不仅要靠朋友圈，也要靠有价值的内容来吸引和留住用户。那么，如何才能做出好的内容呢？

（1）与当时的热点结合起来。很多时候，结合热点能够起到事半功倍的作用。对企业来说，在微信内容推送上结合热点，可以有效吸引用户打开阅读。

（2）迎合互联网时代的阅读习惯。在互联网时代，人们的时间更加宝贵，更希望用碎片化的时间来阅读。在这样的背景下，在内容输入上，企业一定要针对用户的具体情况投其所好。

首先，每个人的兴趣都是不同的，要投其所好。比如，美丽说的公众号经常会给用户提供服饰搭配的解决方案；同时将自己要推广的产品融入其中，实现了解决方案与产品的融合。用户一边浏览解决方案，一边下单买衣服，学习购物两不误，将用户成功地“粘”在了自己身上。

其次，微信内容要去除功利化定位。很多企业通过线下的一些手段吸引粉丝后，就想直接实现转化，甚至有些急功近利。可是，在信息过量的时代，如果你过于赤裸裸地推广自己的产品和促销信息，最后很可能会得不偿失。

最后，要注重与客户沟通的时间。有了好的内容，推送时间也要有所讲究。如果在客户正忙碌的上班时间推送，很可能会打扰客户的正常工作。研究显示，在两个时间段推送较好，一个是客户上班之前，早 8 点左右；另外一个就是下午 5～6 点，客户下班后在交通工具上会比较无聊，正好是阅读的最佳时间。

2. 通过活动留住用户

关于社交红利，有这样一个公式：社交红利 = 粉丝数量 × 互动次数 ×

参与度。由此可知，对品牌来说，要想从社交红利中获得商业利益，不仅要考虑用户的数量，还要考虑用户与品牌之间互动的次数和品牌参与度。

（1）提升用户数量。在任何商业形态中，没有流量就没有转化率。而在移动互联网时代，没有用户就没有口碑。没有口碑，品牌就仅仅是一个符号。那么，如何在公众平台上提升用户数量呢？

①找一个容易吸引用户的理由。有了二维码，还要给消费者一个扫码的理由，比如，消费者喜欢占便宜，给消费者提供一些优惠，就会吸引他们成为你的用户。2013 年“双 11”期间，喜临门在天猫旗舰店发起了针对“双 11”的预售。在天猫上消费者只要花 99 元就可以购买“试睡护照”，之后，就可以凭借“护照”领取价值 500 多元的乳胶枕。在线下，消费者既可以领取乳胶枕，也可以购买其他产品，参与到线下活动中。

②每个人天生都有好奇心，如果想吸引用户，就可以从这一点出发。比如，著名品牌维多利亚的秘密，举办过一次活动——在一位美女的关键部位放了个二维码，并提示“扫一扫，有惊喜”。许多人扫码之后发现，这名美女居然是在向人们展示一件当季的性感内衣。

③解决客户当下的痛点。客户的需求是无止境的，如果能够帮他们解决掉当下的痒点和痛点，也是可以获得他们认可的。比如，到大理旅游时，很多人都不知道该怎样规划自己的旅游行程。如果有个介绍大理旅行景点和线路的二维码，必定会吸引游客的目光。

（2）让用户与品牌互动。如果想提高用户的黏性，就要重视互动，而互动的重要手段是拟人化。很多微信公众平台在吸引用户后，只会推送一些内容，即使有互动，也只是冷冰冰的机器语言，结果往往适得其反。真正的互动，是将用户当作一个有思考能力的真正的人来看待。为了提升互动水平，公众平台不仅要对消费者可能遇到的问题归类、总结，更要放弃机器语言。

（3）提升参与度。参与度是提升品牌黏性和忠诚度的重要手段。移动互联网时代，消费者的购买行为较过去有了很大的不同，只有了解才能有互动，只有互动才能有分享，而分享又会带来新的销售。对于用户来说，参与其中，可以直接提升体验水平，继而直接提升品牌忠诚度。

鼎言钧语

在商品严重过剩的年代，企业要想发展好新商业，必须实现从旧有的产品思维到用户思维的转变，需要真正关注用户的真实需求，而不是产品本身；这不是讲规模的年代，私人订制将会成为一种必然。

用户积极参与其中

移动互联网时代，用户思维正在被越来越多的企业重视和接受，仅依靠企业内部的有限资源进行产品创新是不够的，还要充分发挥用户在产品创新中的作用。

参与感是用户思维最重要的体现。小米创始人雷军认为，小米销售的就是参与感。而这也是小米成功的关键，更是社群效应成功的一大关键。

2015年格兰仕举办第一届“全民赛西红柿炒蛋”活动，吸引了全球亿万用户。使用格兰仕微波炉、电磁炉、电烤箱等无油烟无明火现代家电，用户做出五千多种新式西红柿炒蛋。在活动过程中，种类繁多的西红柿炒蛋纷纷出现，用户创造了属于自己的西红柿炒蛋。

此活动秉持绿色烹饪、健康饮食、用心制作的理念，仅用了很短的时间就形成了世界级的影响，刮起了“绿色、健康”厨房生活的新理念，受到了世界各地用户的喜爱和追捧。

2016 年里约热内卢举办奥运会，中国代表团的正装以红色和黄色为主要设计元素，格兰仕以此为契机，在 2016 年 8 月 1 日拉开了第二届“全民赛西红柿炒蛋”活动序幕，活动贯穿里约奥运会赛期，全程为中国奥运健儿加油助威，“西红柿炒蛋”又被网友玩疯。

第一届“全民赛西红柿炒蛋”倡导参赛者使用无明火无油烟的绿色烹饪方式，不仅非常有趣，参与门槛也很低，创意空间大，参与者还可以拿大奖，吸引了众人的注意。

此活动一共设立了 3 个大奖：最具创意奖，获奖者可以获得一台价值 2888 元的格兰仕 UOVO（意大利语，译为“鸡蛋”）智能微波炉；最具爱心奖，获奖者可以获得一台价值 1199 元的格兰仕热恋微波炉；最具人气奖，获奖者可以获赠一台价值 439 元的格兰仕智能光波电烤箱。

工业时代，企业强调的是“制造”这种以企业为中心的商业模式。而在移动互联网时代，企业强调的是消费者的参与性。在社群时代，如果想让用户为我所用，就要鼓励他们参与其中，献计献策。

如今，我们已经进入一个全新的用户“智造”产品的时代。在这个时代，不要觉得自己懂得所有用户的需求，要让用户积极参与到提供需求的整个过程中来，甚至邀请用户参与到解决消费需求的工作中。

2016 年 12 月可口可乐携手优酷，以“就要年在一起”为新春传播主题，搭载支付宝“AR（增强现实技术）实景红包”全新产品，亿万用户可以在春节时点对点连接可口可乐产品。

可口可乐将新年红包藏在其新春标志形象“阿娇阿福”身上，数百万用户通过支付宝扫描福娃领取了现金红包；而且，在这里，用户还可看到自己在2016年的独家年度回顾。

这种互动方式不仅激发了年轻人的参与热情，更实现了用户线上线下的多场景触达。尤其是在全民集福时，用户只要扫描福娃，就有机会获得福卡或红包，引发了全民狂欢，立刻刷爆了朋友圈。

将福娃作为线索，让消费者“按图索骥”寻找红包，不仅增强了可口可乐与用户间的互动，更提高了品牌的用户黏性，促使品牌达到极佳的联动营销效果。

在扫描可口可乐福娃后，萌态十足的“阿娇阿福”会跳出手机屏幕送上新年团聚的祝福，并生成自己在2016年的独家年度回顾。借助阿里系媒体矩阵数据，项目组从10大维度15个类别分析用户的全面画像，带来家居、出行、美食、娱乐、服饰等各方面的独家定制版年度回顾。

比如，在年度回顾电影场景中，年度回顾不仅会总结你过去一年中看过多少部电影，还会提醒你“还记得有几场是和家人共赏的吗？带上家人看电影，贺岁大片更好看哟”，既贴近春节亲情团聚氛围，又紧扣可口可乐的新年传播主题，受到了用户喜爱。

这种基于大数据的年度回顾，通过俏皮可爱的动画人物与用户对话，不仅增加了趣味性，还能帮助用户梳理全年度的消费习惯，是极体贴的春节借势营销。

活动启动当天，优酷不仅在PC（个人计算机）、iPhone、iPad各终端呈现了精美的开机大图，定制了可口可乐新春剧场等；还跟阿里系UC（优视）App等合作，组建了多维矩形超强曝光阵容，更大力推广了校园圈子，吸引了年轻用户，提高了关注度，带来了大量讨论。同时，配合PR（Public Relations，公共关系）宣传联动，优酷还为可口可乐新春传播活动壮大了声势，吸引了更多的年轻用户参与其中。

可口可乐AR红包新春传播活动的现象级火爆，正是优酷“全链路营销”的首次惊艳亮相。优酷通过阿里跨平台联合曝光和大数据，助力可口可乐CNY营销（中国新年营销），产生了极佳的叠加效应，这是传统认知中单一平台难以实现的，也让优酷在行业营销领域遥遥领先。

互联网时代，消费者不仅是产品的使用者，也是产品的设计者、制造者和营销者，企业最好让消费者参与到产品的创新中来。

互联网的出现为每个人和每个品牌提供了与消费者建立联系的便捷机会，只要你拥有足够的闪光点、吸引力、人格魅力，甚至是噱头，就可以在极短的时间里聚集到一群追随者。如果你懂得经营这些社群，就可以在竞争激烈的商业世界中找到新品牌存在的机会。

鼎言钧语

互联网时代，消费者不仅是产品的使用者，更是产品的设计者、制造者和营销者，应该让消费者融入到企业产品的创新中来。

通过众筹找到新的生态圈

相对于传统的融资方式，众筹更为开放，能否获得资金也不再以项目自身的商业价值作为唯一标准。只要是用户喜欢的项目，都可以通过众筹方式获得第一笔项目启动资金，这为小本经营提供了无限可能。

通过互联网，众筹把原来非常分散的消费者、投资人挖掘出来、聚拢起来，为那些创意、创新、个性化的产品找到了一个全新的生态圈。

所谓众筹是指用“团购+预购”的形式，向网友募集项目资金。

社群时代，很多企业都会利用互联网和 SNS（Social Networking Services，社会性网络服务）传播的特性，鼓励小企业、艺术家或个人对公众展示他们的创意，争取大家的关注和支持，进而获得所需要的资金援助。现代众筹则是指通过互联网方式发布筹款项目并募集资金。

众筹是个性化、定制化、分散化的产物，它改变了消费者的角色，用户、社群都可能成为创新商业的推动者和投资者，这是一个新的社群商业。

鼎言钧语

社群众筹会给很多创业者带来实现梦想的可能。众筹的核心是信任，要想取得成功，除了项目本身外，还取决于粉丝中的“钢丝”，社群是极快找到“钢丝”的方式之一。

刺激顾客购买欲的情景营销

“打动”受众，实现受众和品牌之间有效沟通，是众多营销人迫切需要解决的痛点。

网易“有道”（以下简称“有道”）在情景营销方面的尝试恰恰预见了这个需求，其从情感体验入手，将情感融入不同的消费场景进行品牌营销。网易的一系列营销实践，也验证了情景营销的成功性。下面，我们就以“有道”2016 年的营销历程为范例，告诉大家，如何更好地玩转情景营销。

“有道”知道，情景营销对产品和品牌都有着较高的要求。对于某一品牌来说，要想打破过去单纯只是“覆盖”和“触达”的流量思维，就要认真思考如何通过价值主张与情景的融合让品牌获得消费者发自内心的认同，从而真正“打动”消费者。因此，实现情景营销需要具备先决条件。

首先，“有道”发现，用户的需求已不再局限于查词、翻译，而是希望能通过学习英文了解世界、游览世界、拓宽知识面和视野。于是，它便围绕消费者的情景化需求，开发出了不同的栏目，比如《老外看东西》《外国人说》《明星陪你看世界》等，不仅给用户带来了新鲜体验，还跟用户达成了情感共鸣。

其次，找到消费者使用移动应用的“情景时刻”，才能找到激发消费者共鸣的要素。“有道”的使用情景已经拓展到商务办公、学习进修、出国旅游、海淘、跨国社交、双语阅读等方面，而产品内的每个栏目也都包含了众多精准的使用情景，带来了更多的情景营销机会。

网易是一家技术研发型公司，它将更多的资源投入到了翻译软件的技术创新中，例如拍照翻译功能、融入 AR 场景互动技术、语音翻译功能等。通过技术创新，产品中会有更多功能和情景融入，给用户带来更惊艳的体验，营销也会更炫酷。

营销如果不能让消费者触景生情，或者触情而动，就会变成一种强制和粗暴的广告推送。可是，对于用户场景的观察与新场景的制造来说，情景营销却都能带来新的传播机会。

广告形式多种多样，五花八门的广告狂轰滥炸会大大加强受众对广告的免疫力，受众将越来越难被说服，他们会直接忽略或者拒绝广告。同时，移动互联网飞速发展，让媒介呈现出多元化发展趋势，媒体环境也愈加复杂，广告主的需求发生了巨大变化。

品牌信息的传递仅是众多诉求中的一小部分，企业更希望自己品牌的广告能被受众接受，希望通过更好的广告创意、技术手段与消费者进行深层沟通，实现情感共鸣。

如今，“85 后”“90 后”的年轻一代成为社会经济消费的主流，洞察并抓住目标受众的深层需求，调动他们的参与和购买热情，已经成为检验品牌营销效果的新标准。为了拉近与消费者的距离，很多品牌都在运用互联网应用与用户对话，打造场景化互动。

2016 年 12 月创维举办了“北上广深”四城联动全国直播，运用“情景营销”，不仅为用户模拟了使用场景，还加入了主播的主观感受，更能打动消费者的心。

单一的场景式营销以“时间、空间和消费行动”为核心，重视客观使用状况。其根据预测的状况给用户推送相应的品牌内容，用户被动接收这些内容。

在创新的情景营销模式下，创维 55G7 通过“北上广深”四城联动全国直播活动，取得了傲人的成绩，20 名当红主播共同发力，极大地提高了直播平台的影响力，吸引了众多用户从线上到门店围观。从优质产品到使用情景，再到利益驱动，创维 55G7 通过数字化的情景营销新手段，成功给消费者留下了深刻印象。

情景营销以“心理体验”为核心，注重不同消费者在不同场景下的心理需求。主播用口语化的方式描述用户日常的使用场景，带出了用户的使用感受。努力挖掘这些情感意义，让用户从“需要一台电视”转化到“很想要创维55G7”，这是直播信息输出带来的巨大效益。

情景营销以心灵对话和生活情景体验来达到营销的目的。情景营销最早被用于门店导购。为用户介绍产品时，为了增强消费者的购买欲，导购会在阐述卖点的基础上添加一些使用场景和关于使用感受的描述。创维把情景营销升级至直播平台，让影响力较大的当红主播用实践和情感渲染吸引用户到店购买，更是传统品牌紧随移动互联网发展步伐的有力表现。

1. 适当进行情景营销

如何进行情景营销呢？可以从以下几方面入手：

（1）情景不同，效果不同。在不同的场合情景营销会有不同的情景效果。进行情景营销的时候要注重场合，不恰当的场合会让营销的效果大打折扣。在营销的过程中，一定要选择适合的场合情景，比如，在客户喜欢的场合进行沟通。如果不分场合、盲目营销，客户自然无法满意。

（2）时间不同，结果不同。常言道“来得早不如来得巧”，营销也要把握好时间情景。比如，客户很忙的时候，尽量不要打扰；发现客户心情不佳时，最好及时避开。在轻松愉快的气氛里，人与人之间的交流会更加容易，双方也更容易达成共识。

（3）关系不同，效果各异。俗语说“熟人好办事”。在中国，陌生人很难得到别人的理解，而熟人则很容易亲近。如果关系比较好，就容易营销了。进行情景营销的时候，销售人员要充分利用好关系情景。熟人介绍有利于同客户之间的接触。

2. 常见的情景营销方式

常见的情景营销方式主要有以下几种：

（1）主题式情景营销。设计主题式情景营销的关键在于，抓住体验氛围。要在短时间内让消费者了解到产品感性化的差异点，引发消费共鸣。设计主题式情景营销的时候，要充分发散思维，在能力许可的范围内挖掘软性资源；之后，借助软性资源，巧妙地解决由于硬件的先天不足而引起的主题式情景营销缺失等问题。

（2）引导式情景营销。消费心理学研究发现，决定消费者购买的关键时刻有两个："买的时候"和"用的时候"。消费者的购买行为直接由这两个时刻的"情感"决定，所以增加卖场环境和产品本身的乐趣，可以增加销售量，而这也是提高销售量的关键。

（3）流程式情景营销。流程式情景营销最大的特点是能够在极短的时间里实现成功终端样板和优秀导购经验快速推广，减少问题出现的可能性，提高终端的整体竞争力。

（4）邀请式情景营销。实施有效的邀请式情景营销的关键在于建立潜在客户的资料库。缺少潜在客户资料库，导购就无法根据顾客的需求发出邀请，后期的销售跟进也就无从谈起了。

鼎言钧语

真正忠诚的客户购买的是渴望和感觉。能否提供丰富的情景营销直接决定着用户购买的可能性。移动互联网给情景营销提供了空前的便利，而社群就是情景营销的良好入口。

客户服务实时响应

如今，各家企业都会实时地回应消费者所表达出来的需求。随着移动互联网技术的发展，消费者的实时需求集中爆发，因此企业要改变服务形态以适应这种现状。微信客户服务和社会化客户关系管理报告应运而生。

2013 年 3 月，招商银行推出了微信客户服务，用户只要将信用卡与招商银行的微信客户端绑定在一起，就能通过信用卡“微客服”完成额度查询、账单明细、手机还款等业务。2013 年 7 月，招商银行再度升级微信平台，推出了全新概念的“微信银行”，成为一个集借记卡、信用卡等业务为一体的全客群综合服务平台。

这种实时响应的服务，必然会带来全新的用户体验。

移动互联网时代，市场竞争日趋激烈，同行之间除了产品质量和价格等方面的角逐外，还加强了客户关系管理。因为只有关注客户，企业才能拥有更大的市场。

在二手车领域，人们在购买二手车的时候通常都非常慎重；规范的检测项目条目繁杂，车辆交易周期比较长。可是，在人人车的交易记录中却出现了例外：用户看车不到 5 分钟便签下了购车合同。

该客户对车其实也是个“文盲”，只不过一次偶然的机会听说了人人车二手车平台。关注了人人车几天后，客户决定买车，之后便开始在人人车平台看车。可是，由于不懂车，即使是看车，客户也仅仅是看看外观和内饰等平台上公布的信息。

之后，客户便将自己对车的需求告诉了销售："我想买……等有了合适车源，就直接给我订一辆，不用带我看车了。反正你们上架前都有检测，我完全放心。"

虽然客户这样说，可是人人车的销售十分负责任，坚持让他亲自看车，一方面让客户对车产生基本了解，另一方面也好同车主砍价，客户最终被说服。

一天中午，该客户刷着人人车二手车 App，偶然发现了一辆车，整体感觉不错，就迅速拨打了人人车的客服电话，预约看车。客服非常迅速，1 个小时后就让客户看到了这辆车。结果，客户看了不到 5 分钟便签了合同、检车、过户……

该客户想早点办完过户手续，销售员便一个接一个地打电话联系。最终，过户手续在当天下午办理完毕，大大节省了沟通和等待的时间。对这种高效的服务，该客户非常满意。

不可否认，对于一个不懂车的客户来说，正是因为他在买车的过程中感受到了人人车的真诚，他才敢在 5 分钟内签下合同。

在维护市场营销的活动中，维护客户关系是非常重要的工作。我们每天都会面对各种各样的客户，这些客户性格不同、想法各异，要想赢得他们的心，并不是一件简单的事情。

客户服务是店铺推广营销的桥梁，没有这个桥梁，所有的推广营销就会前功尽弃，店铺的业绩更是无从谈起。那么，如何做好客服工作呢？如何改进才能对业绩起到推动作用呢？这些都是值得思考的问题。

鼎言钧语

在实时响应这一块，社群有着绝对的优势，社群成员对社群的信任是由无数次小信任累积而成的，经营社群要多了解社群成员情况，多互动，让社群成员安心，这是所有想把社群运营好的伙伴共同努力的方向。

第三部分

玩转社群：转识成智

一旦一群人聚集起来，他们就会产生“占便宜”的能力，这就是商业利益的来源，比如团购。我不信任品牌，但是我信任朋友的推荐，推荐和信任将构成未来互联网社会的基本组织形态，因为交流的成本越来越低。

——《罗辑思维》主讲人罗振宇

第七章
玩转社群
——精通社群运营要点

如果将“社群”两个字分开加以解读，就是“社交 + 群体”，无论是在 QQ 上、微信上，还是在其他社交工具上进行的社交行为都是如此。

一个有价值的社群一定是活跃度高的社群。在未来社群发展过程中，只有抓住社群运营的要点，才能抓住社群时代，拥抱社群经济，玩转社群。

清晰定位，不尴尬

究竟该如何建立并运营自己的社群?

为了建立自己的社群，有些企业投入了很多时间和精力，招聘了专业团队，在微信、微博、贴吧等平台注册了账号，也付出了不少心血，可结果却一般：用户屈指可数、社区沉寂无声、会员积极性不高，仅有的活跃度也是在大家的闲聊灌水或漫天飞的广告中积攒的……

从本质上来说，社群就是将志同道合的人聚集在一起，核心是价值运营。输出价值是衡量社群的关键。一群人聚集起来后，既可能是乌合之众，也可能做成大事，最重要的是“跟什么人在一起做什么”。要想运营新社群，首先就要确定好自己的社群定位。现在，我们就通过 MS 蜜斯的例子说说简单的社群玩法。

从品牌定位上，MS 蜜斯在创立初期就锁定了自己想要“拉拢”的人群：女性。于是，MS 蜜斯确立了三个不同风格的品牌：欧风下午茶 MS Bonbon café（蜜斯甜心）、美式鸡尾酒餐厅 MS Sugar Bistro（蜜斯蜜糖），以及和风轻食馆 MS PREtea Delight（蜜斯舞茶）。

这三个品牌被两位创始人 Michelle 和 Stephanie 具象化为三个不同风格的女生：优雅、性感、清新。三种风格的店，也将 MS 蜜斯的用户群体划分成三种女性，直接告诉她们：在这三个品牌中，总有一个适合你。

MS 蜜斯找到品牌所对应的目标人群后，便致力于让女性成为品牌的忠实用户，使品牌具有用户黏性。除了使用“扫二维码加关注送豪礼”的手法外，还跟粉丝大量互动，直到品牌成为用户生活中的一部分。

MS 蜜斯每年都会更换一次餐厅主题，调整菜单及店面装饰风格，比如将主题定位为“情迷地中海”。

运营用户时，MS 蜜斯也并不是单打独斗。MS 蜜斯的三个品牌都是商场店，于是便巧妙地跟周边商家联合做活动，比如跟鲜花主题餐厅合作，教用户做插花；跟旅游公司合作，抽取幸运用户，带着她们去旅行；跟潜水俱乐部合作，帮用户实现做条“美人鱼”的梦……这些都是 MS 蜜斯的生活美学内容——美学课堂。

餐饮人以餐厅为基点，运营社群和粉丝。不要把他们当成一群不认识的陌生人，要把他们当成亲密的朋友，粉丝才会主动分享、沟通，才会增强品牌与粉丝之间的黏性。

很多餐饮人都不知道怎样去运营自己的社群和粉丝；有的人甚至还大发感慨：只有在“发红包”时他们才会出现，平时在群里发些品牌信息，根本不会有多少人关注。这只能说明，你还是“高高在上”的，没有走进粉丝群，同粉丝做情感性沟通交流。

移动互联网时代，有些人觉得引领传统企业战略规划的定位理论已经过时了，互联网思维在意的是跨界、无界和网络化。但从社会学意义上来说，社群不是规模化和标准化的，在一定范围内是个性化和小众化的。定位清晰、方向明确，是新社群运营之初就要确定的战略选择。

1. 积极构建一个有价值的活跃社群

构建社群是有前提条件的，构建新社群之初，一定要想清楚：你凭什么构建社群，你有什么资源和能力。凭什么你能振臂一呼，应者如云。

（1）高频率。要想打造出过硬的产品品质和令用户尖叫的产品体验，就要实现高频率。购买频率高、使用频率高，这是一切的基础。

（2）社群的精神情怀。在你的使命、纲领、行为中能否体现出高层次的魅力，问问自己：你有灵魂人物吗？你能影响一批意见领袖吗？你属于高感性群族吗？

（3）互动运营。社群的价值需要运营，需要引导社群用户驱动的自运营、自传播、自组织，这些都需要高手的运营策划，需要对基本规则的制定与引导，你有运营高手吗？

（4）社群运营的载体。优秀的产品或服务虽然都是不错的载体，但局限于品牌类的社群却是难度最大的。情怀类社群也需要很好的载体，一类社群直接绑定具体的东西，比如钓鱼、读书、国学，这类社群的着眼点比较明确，但范围受限，吸纳的人数如果无法达到某个规模，社群之花就会慢慢枯萎；一类社群从理想等超现实的东西入手，有着较大的挖掘空间，但必须落回到具体的东西上。

（5）社群运营的形式与可视化。社群运营中一切行为皆媒体、一切内容皆营销，你是否拥有自媒体达人或视频达人？他们可以让你的运营行为激励吸引更多的用户关注或加入，产生更大的连接价值。

如果以上几点你都不具备，那么趁早死了自建社群这条心。不过，你仍可以选择投资社群、合建社群或“借群下蛋”。

2. 不要聚集大批“乌合之众”

无论你定位于哪个用户群体，一定要对他们的需求和社交场景进行分析。

从本质上来说，社群是一套小范围内的生态系统，是一种部落化经济形态。社群本身要具备自生长、自消化、自复制能力，尤其是对线上用户的触点规划更加有助于社群的运营规则设计和群成员活跃度的提升。

确定了社群目标用户后，企业还要确定社群的价值定位和使命情怀定位。基于用户需求或情感倾向，可以将社群确定为多种类别，比如励志型、知识型、娱乐型、格局型等；还可以将社群分为亲切型、文艺型、高雅型、时尚型、酷炫型、大气磅礴型……要根据用户需求和情感倾向确定自己的横向社群范围。不对范围做限制，社群就会成为一锅大杂烩，你得到的也仅仅是一帮“乌合之众”罢了。

鼎言钧语

只有明确自己面对的是谁，认真倾听他们的诉求，了解他们需要获得的信息，找到大家共同的兴趣点，才能诱导互动。不要一厢情愿地将自认为好的东西送给他们，那不一定就是用户需要的。

制定好社群运营法则

中国有句老话："没有规矩不成方圆。"其实，"没有规矩不成方圆"是人们在生活中归纳出来的一个十分实用的道理，它告诉我们，做任何事都要有规矩、懂规矩、守规矩。美国人的交通规则就印证了这一点。

"行人优先、汽车让人"是交通规则的基本原则，行人只要一走上人行横道，一切大小车辆务必停下来让路。遇到行人要过马路时，很多司机都会善意地停下来，挥手示意，请他们先走；一旦发生交通事故，法律会维护行人的权益。

在美国，大多数城市不准按喇叭，即便准许，也只限在必要时按。例如，司机向横过马路而不知道已拦住你去路的人示警。司机绝不能为了要车辆快些行驶而按喇叭。

听到巨大的警告音响，或看到警车、消防车闪亮的红光，司机就要靠边停车。即使司机能够前行，也要停车，让警车或消防车安全地驶过。

在街上看到接送学生的黄色校车，司机要格外谨慎。如果校车停下，司机就要立刻停车，让孩子们先过马路。

在繁忙的公路上不能停车，在高速公路快车道上也不行。如果发现了问题，或者想查阅地图，要把车驶到路旁。停车的时候，要认真看一下周围的标志。

对违反交通规则的肇事者，美国还确立了一套行之有效的监管和处理办法。比如：违反交通规则，要在限期内到法院交纳保证金。法院会给违章者提供三种办法：①到违章者学校学习 8 小时交通规则（一年内只能上一次）；②交付罚款，做违章记录；③付保证金，等候法庭判决，或被赦免，或被判付罚款。

运营社群的时候，同样也需要制定一套法则。

要想做好一个社群，不仅要玩，还要确立社群的发展规划形式。

在社群体系中，一共有两类社群：一类是产品社群，一类是人脉社群。要认真考虑好自身社群的分类。企业若将其定位为人脉社群，就一定要多做活动，把人从线上聚集到线下，再把线下的人拉到线上，逐渐提高社群的活跃度。

社群离不开考核机制。要想建立一个好的管理制度，就要让具备高执行力的管理团队积极配合，要通过多种方式不断优化管理团队。通过对社群原始定义的系统解构，笔者认为社群的运营需要从以下几个方面做起：

1. 重新定义目标用户群体，确立产品定位

社群必须以一个载体作为入口，这个载体可以是产品、服务或解决方案。比如小米的载体是手机，大三湘的载体是山茶油。

如今，在消费升级和移动互联网的推波助澜下，整个商业逻辑已经发生了巨大变化。过去是先有产品后有用户，现在是先有用户后生产产品。

因此，对企业来说，首先，要重新定义目标用户；其次，要根据用户画像，以最快的速度推出最小化可行产品。

为什么原本热火朝天的社群，如今却销声匿迹了？因为情怀不宜久藏，不能实实在在地为用户解决问题，就是“耍流氓”。“为发烧而生”的定位没错，但如果总是出问题，长此以往，用户也会难以忍受。

产品是凝结群成员关系的媒介，更是解决群成员需求的方案。社群的风格和价值观标签固然可以把群成员快速圈起来，但如果产品没有说服力，社群就会陷入窘境。

目标用户定位明晰后，接下来就是产品。在这个物品过剩、认知盈余的时代，产品功能已远不能满足用户诉求，产品必须肩负起用户展示自我和与外界互动的使命，这就使得产品人格化的特征越来越明显。

同时，要想打动中产阶级的心，产品还要具备“平民的价格”和“贵族的气质”，让用户以产品为傲，产生自主传播的动力。

2. 寻找100位KOL进行产品测试

KOL是“Key Opinion Leader”的简称，即关键意见领袖。无论是小米，还是其他产品型社群，都要先从成千上万个潜在用户中筛选出100位KOL。

那么，这些KOL去哪里找？他们需要符合哪些条件？第一批KOL一般只能依靠创始人的人脉资源定向邀请，或从垂直论坛找大咖、达人。这类人名气不一定大，但要在细分领域有绝对的话语权和影响力；具备一定的语言表达力，幽默风趣更好；喜欢分享，喜欢“晒”个不停。

“道不同不相为谋。”第一批进入的用户必须高度认可社群发起人，认可群文化和群目标。如何来甄别同类人呢？在某种程度上，可以用金钱来投票。只有愿意为社群付出金钱、时间的人，才是真正的“铁杆用户”。

当然，并不是所有的社群都要用金钱来投票，但是必须为进入者的加入设置一定的门槛。不设置门槛，一味地拉人头，最终只是凑够了一群人而已，跟牛群、羊群没有任何区别。

3. 策划社群活动，强化身份认同

人与人之间的关系只有在高频互动中才能强化，这可以增加社群成员的归属感。

互动共有两种，一种是线上，一种是线下。线上聊一百次，也不如线下见一面。虽然说通过移动互联网的连接可以容易地找到价值观相近的伙伴，可是不见面，彼此之间是很难产生信任感的。要想建立一个社群，就要通过一系列的活动将成员聚拢在一起，不断强化成员关系，同时，还要对外宣扬社群的核心价值，吸引新成员加入。

在信息泛滥的今天，人们一周看不到企业的消息，就很容易遗忘它。很多 EMBA 同学之所以喜欢参加“玄奘之路商学院戈壁挑战赛”，一方面是因为该活动确实可以给人们带来刻骨铭心的体验和人生感悟，另一方面是因为人们在一起徒步穿越戈壁途中会凝结一段情谊。

4. 构建极客文化体系，提升成员专业认知

文化是社群的灵魂，文化体系回答了构建社群的目标和社群存在的价值。

社群文化体系至少包括社群目标、价值观和社群公约，社群成员一起做事才能加深彼此的感情。优秀社群的基础在于“让对的人在一起做对的事”。这里，“对的事”就是共同目标、共同任务。有了共同任务和持续的

活动，社群才会有活力，才能保持可持续发展。

共同的社群目标和价值观，不仅可以增加群成员之间的情感连接，还能让弱关系升级为强关系；不仅可以激发人们的潜能，还能吸引新成员加入。移动互联网时代，社群不仅要遵循“平等、开放、协作、分享”等互联网法则，还要有利于它的文化基因。

对文化的认同是一切社群关系的开始，创造共同的认知和价值后，群成员就会紧紧追随。社群只有源源不断地给群成员带来归属感和优越感，才能让群成员留下来，并自发传播社群文化。

对于产品型社群来说，最重要的就是要打造极客文化体系，塑造极客文化氛围。一旦将社群目标用户定位为中产阶级，无论是产品定位还是社群风格，都要宣扬“极客”的价值文化主张。要从认知到行为，由内而外全方位地提升群成员的专业认知，维护好品牌建设。

5. 社群裂变，布局线下体验场景

社群的发展壮大离不开裂变，而裂变的前提是社群已经形成一套完整的亚文化体系和运营机制。社群裂变并不是由社群领袖主导，而是由社群核心成员主动发起的。

社群场景化极大地增强了社群成员的仪式感和体验感，社群需要通过仪式来宣告它的存在，弘扬社群的价值主张。仪式感地塑造统一化和符号化内容，无论是说话习惯，还是外在衣着、行为，都会给人们带来心灵的震撼。

社群的价值在于运营。运营需要专业的执行团队承担四个职能：内容生产、活动策划、新媒体运营、客户服务。同时，社群还要有一个群管理软件平台，比如微信群、QQ 群、贴吧、App 等。

6. 建章立制，健全社群运营机制

群体聪明与否主要取决于互动的时空环境与机制等，而不是互动本身。因此，要想让成员的连接与聚集产生群体智慧，就要不断改善连接与聚集机制。

要想激发成员的群体智慧和能量，就要制订评价标准和激励机制。社群不同于企业组织可以单纯依靠利益来驱动，除了常规的利益奖惩外，还需要一套全新的运营机制。

群体激励的关键因素在于给出简单清晰的目标，并逐级实现。社群发展到一定阶段后，一定要将社群成员按照贡献度与影响力进行划分，不同等级的成员拥有的权限也不同。每个人都清晰地知道自己的任务，并会努力去完成它。

7. 设计“社群+”商业模式

要想让成员持续不断地为社群贡献价值，就要重视商业利益的输出与供给。社群的商业利益来自哪里？在“互联网+”的背景下，社群不能简单地依靠卖货赚钱，必须跨界找到新的利润来源。社群的商业模式到底该如何设计？应该通过社群成就一个品牌，先让社群品牌成为文化价值的承载物和表达体，然后通过品牌延伸来构建社群生态圈。企业通过输出平台、文化、机制，使品牌价值最大化。

鼎言钧语

“没有规矩不成方圆”，规矩不是制度，而是核心成员达成共识形成的守则。守则是保护社群成员利益的，要想做好社群管理，必须制定好

规则，比如禁止单独发表情、禁止实时对讲等，因为在上百人的群里，这样做会打扰其他用户。

重视互动性，增强情感交流

社群经济是建立在信任、忠诚基础上的一种新商业模式，具有社交、传媒、商业三重属性，且三者存在层级递进关系——只有商家与用户在交流互动的基础上达成互信，信息才能够被有效地传播出去，从而奠定买卖的基础，商家也才能顺畅地获取收益。

在“互联网+”时代，要想从以微商为代表的社群经济中获得利益，首先要成为一个有情感、有温度、会交流的人。一味地用硬广告粗暴刷屏，只会消解掉好友的信任，破坏掉商家赖以生存的社群经济生态。失去了情感交流与互信基础的商家也就没有优势可言了。

2016年7月30—31日，“乐迷Go Play”生态同城会在上海奥迪国际赛车场举办了第一场线下活动——2016时尚速度赛车节。活动期间上千名乐迷聚集在这里。

从开幕式签到到乐视生态互动体验、超级自行车花式表演、乐迷超跑体验、乐视VR（虚拟现实技术）硬件互动体验、比基尼洗车……每个活动环节都能让乐迷发出热情尖叫和欢呼声。在两天的时间里，乐迷社区官方主页和“乐迷”微信公众号对此活动进行了全程直播，累计观看人数超过千万人次。

社群举办线下聚会比较常见，但乐迷生态同城会却开了生态社群O2O的先河。本次活动虽然由乐迷社区主办，但乐视汽车、乐视体育、乐视TV（乐视超级电视）、网酒网、乐视VR、乐嗨直播等公司纷纷参与。在生态同城会上，用户不仅能一次性体验到乐视电视、汽车、自行车、VR等核心新产品，更能满足自己互动娱乐、现场直播、赛车和骑行挑战等多种需求。

比如，用户可以一边观看乐视超级电视独播的体育赛事，一边品尝乐视提供的生态啤酒格鲁特，还能时不时地通过乐嗨直播，为场外网友直播超跑竞速、比基尼洗车等精彩场景。

凭借本次活动，乐视向外界诠释了“千万人参与，千万人研发，千万人使用，千万人传播”的“UP2U”（User Planning to User，即由用户决定）理念，构建了多频互动时代的场景化社群营销新图景。

一直以来，乐视都非常重视用户感受，不断提升用户价值，乐视七个子生态业务都是围绕用户需求和体验来服务的。乐迷是乐视所有用户里最前沿最活跃的代表，是与乐视共享、共创、共赢的人。通过生态整合，乐视为乐迷们打造了品质生活圈和极致体验。

如今，乐迷社区全球注册用户已突破2500万人。这个以“85后”和“90后”为主体的活跃群体，逐渐成长为中国极具影响力的互联网生态消费社群，成了乐视生态极为核心的一环。

对于用户概念的理解不同，是传统行业和移动互联网的一大区别。在传统行业的概念中，用户就是“买我的产品”或是“用我的产品”的人。可是，在移动互联网时代，用户是有账户、已激活、能够和你互动的人。

在传统时代，如果产品质量有问题、多次遭用户投诉，似乎影响范围并不大，因为只要企业愿意花钱就基本能将舆论控制在自己手里。即使用户把信息公布出来，也只会对用户产生影响，无法影响到商家自己。可是，移动互联网时代，品牌的任何一个小瑕疵都能酿成一场大祸。

2014 年春节前，腾讯财付通团队加班开发出一款“小”产品——微信红包。用户带着各种各样的目的使用微信红包，或为送祝福，或为加深感情，或为拉拢其他用户。但不管怎样，在短时间内，便有 800 万用户参加了抢红包活动。

微信用户关注“新年红包”公众号以后，就可以收发普通红包，或者拼手气抢红包，为此很多人都开通了微信支付。虽然春节只有几天，但却让一个热点在短时间内爆发，微信用户的“人肉转发”功不可没。

如今，用户话语权越来越强，企业不可避免地要跟用户互动。就连产品研发也应该是前置于营销的，当然前提条件是你的产品不是机密。如果你的产品不是机密，在产品只有概念的时候，就可以让用户参与进去，这是一个跟用户互动的好方法。

从整个社群发展模式上可以看出，社群的互动性很重要，互动性是社群经济的第一步。要想做好社群的互动，首先要有明确的赞助商和商家。从社群角度来说，一定要策划好你的活动，并加以扩散。无论是发红包，还是分享有价值的“干货”，或是分享带动有奖活动……互动性都是社群经济的第一步。

鼎言钧语

移动互联网时代，每个社交账户背后对应的都是人。这就意味着，消费者即使购买了你的产品，也不等于是你的用户，只有购买了产品并同你互动的消费者才叫用户。用户购买你的产品，只是帮你挣一次钱，如果不跟你互动，对后续企业发展没有任何的价值；只有跟你保持持续互动，才有产生新的商业价值的可能。

策划一些高质量的活动

与人交往的时候，如果想和他人处好关系，就要常走动，就要多组织一些活动。同样，要想运营好社群，也要多策划一些高质量的活动。社群运营不仅要提升社群的互动，还要能完整地策划活动。

Sleepy's是丝涟床褥公司旗下的一个品牌，其从来都不会投入大量的推广预算去传播Sleepy's床褥，更不要说请名人当品牌大使了。

营销部认真思考之后，在官方网站的普通招聘页面，以及Facebook上的Sleepy's主页，刊登了一则广告：聘请“打盹儿总监”。这是一份兼职工作，申请人必须在白天随时随地都能沉睡，要在自己的博客、Twitter（推特）和Facebook上发表睡觉的感受和Sleepy's床褥带给他的感觉。

既可以感受舒适的床褥，还可以领工资，这份工作确实不错。结果，这个点子得到大量媒体转发和关注，最后有一千多人申请了这份工作，每天都有人在不同的门店试睡，如此换来了千万次的口碑传播效果。

好社群通常都有一个明确的活动主题。不管你是什么社群，要想提高影响力，都需要策划高质量的活动，无论是通过借势，还是通过自己用户分享。

美国汉堡王在Facebook上举办了一个营销活动——“王牌的牺牲品”游戏，将其设置在汉堡王企业主页的一个应用程序里。

这个游戏很简单。用户只要在Facebook上删除10位好友，就可以免费获得一份王牌汉堡。用户删除好友的时候，好友会收到一个通知：“我为了一个免费的王牌汉堡，把你从我的好友名单中删除了。”看起来，参加者似乎在“卖友求堡”——宁愿牺牲好友，也要得到一个免费汉堡。

删除好友虽然有违Facebook建立社交网络的精神，还可能伤害到朋友间的感情，但汉堡王确实实现了自己的营销目的，活动一经推出，参与者成千上万，活动总计删除约23万个好友，关于此活动的报道也有1万多条，搜索引擎上还出现了约14万个帖子。

笔者认为，一个好社群一定是一个有活动主题的群，可以从属性划分人脉社群或产品社群，但不管什么社群，都需要策划高质量的活动。

从微商的发展可以看出，很多微商都在不断通过活动提升影响力。无论是通过借势宣传，还是通过自己的微商分享课、微商学院或抽奖、返利等活动，都是如此。所以说，要想策划好社群活动，着实不易。

社群要想获得发展，就要重视活动策划。不仅要了解社群成员属于哪类人群，哪些人能够通过社群参与到活动中来；还要突出参与感，尽量降低门槛，鼓励更多的人参与进来。当然，具体运作的时候，企业则要从内在动因和外在商务表现来系统规划活动流程。

1. 外在表现

这里的外在主要是指与用户高频互动，建立关系。线上可以开展“社会化媒体”“红包”“众筹”“电商”“热点事件”“抽奖”等活动；线下可以开展“发布会”“终端体验”“明星助阵”等活动。将线上线下的动作重新组织，就会出现不同的玩法。

2. 内在动因

所谓的内在动因指的是企业的营销组织架构和基于组织的活动管理规范。借助这个机会简要描述组织架构，在组织架构方面，总负责人是营销总监，下面有互动经理、活动策划经理、IT（信息技术）经理；在活动管理方面，企业通过规范化活动流程、互动模板、文案和过程决策者，让组织更有活力，让活动落地更有效率。

综上所述，在移动互联网时代，企业必须想清楚如何做营销，如何建立与用户的深度关系。“社群营销”虽然可以取得一定的效果，但并不是企业的救命稻草，还要想办法将用户沉淀下来，让用户对你的品牌产生好感、信任感，让用户为你的产品背书。

营销是一件需要长期经营、扎根“市场”目标的事，一定不能忽视。

鼎言钧语

一个好社群一定要有线上和线下的活动，活动是催化剂，不仅可以催化深度互动令消费者和企业间产生信任，也是售卖商品的良机，消费者总会在良好气氛中不知不觉产生购买行为。

提高用户的“参与感”

社群的运营，不仅需要互动性、需要把活动策划好、需要好的团队，还得让大家玩起来。笔者认为，所有的社群经济都是玩出来的。

为什么微信红包能火？因为微信活动的本质就是玩，鼓励人们拼手气点红包。其实参与者抢到的只有几角钱、几分钱，可是大家乐此不疲。在社群时代，每个人的压力都很大，需要疏解压力，需要寻找方式让大家乐起来。因此，在产品和社群的发展过程中，一定要灌输一个“玩”的概念，比如美拍。

为什么很多明星愿意加入美拍？因为这里可以“玩”。并不是美拍给了明星多少钱，而是因为其中的“美拍大头电影”等功能很有趣，大家觉得非常有意思，所以美拍才会拥有大量用户。

星巴克虽然没有进行过大量市场推广和广告投放，却在短时间内名列全球最有价值的百大品牌，成为社会化网络营销的成功典范。它是如何崛起的？

> 星巴克的社会化媒体之旅始于2008年。2008年3月，星巴克推出了公司的第一个社会化媒体网站——“我的星巴克点子”。消费者既可以直接在网站上针对星巴克的产品和服务提出建议，也可以对别人的建议进行投票和讨论。同时，星巴克还会实时公布建议的反馈和采纳情况。结果，仅用了6个月，星巴克MSI（“我的星巴克点子”）网站就收到7.5万条建议及成千上万条评论。

这种做法既让星巴克从消费者那里获得了极具价值的创意和设想，又开发了新产品，改进了服务体验，提高了公司的整体经营情况。更为重要的是，星巴克通过MSI网站与消费者直接互动沟通，充分尊重消费者，拉近了消费者与星巴克的关系，优化了星巴克认真倾听消费者心声的形象。

2015年5月星巴克跟Spotify（声田）展开合作，让全美1000多万星享卡会员和Spotify的6000万用户都享受到了好处：只要查看星巴克App，星享卡会员就能知道现在门店里播放的是哪首歌，可以直接在Spotify内一键收藏收听该歌曲；Spotify用户收听歌曲还能换取星星，不用花钱就能升级自己的星巴克会员。

双方还展开了一项深度合作。在全美7500家门店中，消费者都可以通过自己Spotify账户上的“努力”换掉星巴克门店里的音乐，具体办法是：星巴克门店播放一个叫“20年中最受欢迎音乐”的歌单，如果想改变歌单的走向，星享卡用户只要点“喜欢”即可。星巴克会引入更多的新歌手新专辑，消费者会有更多选择。

更重要的是，无论你是iOS用户，还是Android（安卓）用户；不论你是Spotify每月10美元的付费用户，还是免费用户；无论你是打开星巴克App，还是Spotify，都可以这样操作。

星巴克的品牌传播并不是传统意义上的广告和促销，而是真正与消费者沟通对话，倾听消费者的声音，让消费者积极参与活动，了解他们的想法和选择；之后，星巴克再通过用户对品牌的印象和口碑影响带动他们的朋友圈，影响更多人的购买决策和品牌认知。

星巴克的故事极好地诠释了社会化网络营销的价值和定义。简单地说，社会化网络营销就是利用在线社区、博客、百科或其他互联网协作平台媒体进行营销和销售，维护公共关系，服务客户。

社会化是一个过程。从根本上看，社会化网络营销是通过社会化网络，凭借富有创意的营销内容，让消费者真正参与交流，实现品牌与消费者的双向沟通对话，建立消费者与品牌的长期互动关系，从而提高品牌的口碑和销量。同时消费者通过参与和消费，影响并带动他们的朋友参与购买或讨论，形成品牌认知。

鼎言钧语

社群除了满足人的确定性，还要满足不确定性，群里发红包，抢到的金额是随机的，所以大家很有兴趣，热情被调动，腾讯公司也因为大家愿意在群里发红包，沉淀了巨额的资金，因此，社群参与感非常重要。

保持一种利他的心态

加入社群的目的是希望获得什么？有用的东西。比如，《罗辑思维》每天分享一段语音、一本好书，通过这一平台用户可以获得自己需要的有价值的东西。这本就是一个利他的行为，《罗辑思维》通过有趣、有料、有价值的分享粘住用户群。

社群要想获得发展，就要采取开放式的发展方式，发展过程中更要海纳百川。其实，一开始很多人都不知道什么是社群。开放是社群的灵魂。如果社群没有利他心态，是做不好的。

自私的人是赚不到钱的。真正会赚钱的人是懂得利他且真正把利他放在第一位的人。

有两个人死后到了阎王殿，准备重新投生做人。阎王问他们："你是愿意做每天都有收获的人，还是愿意做每天都有付出的人呢？"第一个鬼回答说："我愿意做每天都有收获的人。"阎王说："好，下去吧。”第二个鬼说：“我愿意做每天都有付出的人。”阎王也说：“好，下去吧。”结果，第一个人投生后，成了乞丐。他每天伸手讨，每天都有收获。第二个则成了富翁。每天都有人来求他，他每天都在付出。

从人性上来说，每个人都是利己的，可是我们又只能依靠利他来建立和发展自己的事业。比如，你开服装店是为了赚钱，可是如果不让消费者认可“这里的衣服款式不错”，你的衣服也无法卖出去。只有先利他，才能真利己。因此，要想让社群的运营更具创造力，就要改变“自私”和“贪婪”的恶习，改变不肯利他的思维模式。

2014 年 11 月，微社力社群联盟开始了自己的征程：

第一周，微社力社群联盟在全国招募了 100 多位社群领袖和高端自媒体人。每个社群领袖的微友平均有 5000 人，社群成员 500 多人，有的社群领袖还拥有几个分社群，社群辐射千万受众。同时，联盟还邀请了 K 友会创始人管鹏担任主席。每天，联盟都会发布上万条文字，上千幅图片，微信红包金额过万元。

第二周，凤巢社、女神范、胸膜、青龙老贼、华南六少网等国内顶尖社群纷纷加入微社力社群联盟。在社群的共同努力下，正式敲定 LOGO（商标）。

微社力社群联盟汇集了一群有情调、有故事、有各类兴趣的牛人。微社力的主要工作就是挖掘这些牛人，帮他们一起发光发热。

不论走到哪里，社群成员都会用不同的方式展示社群旗帜。如今，微社力已经成功地走过中国 4 个直辖市、21 个省、5 个自治区、2 个特别行政区。

利他是一种使别人获得方便与利益，而不图回报的助人为乐的行为。微社力社群联盟的出现给众人带来了巨大的便利。

做生意不是赚取利润，而是赚得人心。“得人心者得天下”，人心向你，财自道生。道在哪里？道，就在人心里。为什么人心向你？因为你心中有他人。切记，你心中有他，他心中也会有你；你心中有他们，他们心中也会有你。

鼎言钧语

无私是最大的自私，利他最终利己，运营社群是一个“得到即失去”“失去即得到”的过程，在定位和方向清晰的情况下，付出就会有收获。

巧妙借力，提高推广效果

中国古代法家治天下，讲的就是“法、术、势”三者的结合，把借势、造势看作治理天下的要点。不懂得借势，或者说不愿借势，要想运营社群是很难的。只有将企业自身资源以外的其他资源或渠道整合起来，借助外在力量，才能收获高的关注度和更好的营销效果。

犹太经济学家威廉·立格逊曾说：“一切都是可以靠借的，借资金、借人才、借技术、借智慧。这个世界已经准备好了一切你所需要的资源，你所要做的仅仅是把它们收集起来，运用智慧把它们有机地组合起来。”

太太品牌致力于为女性提供优质产品和服务，它敏锐地把握住当下女性的需求变化，借势引进高效的移动互联网营销模式，为女性打造了一个交流互动的平台——太太微信服务号。

不同于其他微信服务号，太太服务号以亲切的邻家女子“小桃红”形象发声，以追求女性极致的“美”为目标，除了日常女性关注的美容、时尚、家庭类资讯外，还精心打造了一些精致、有趣的女性专属定制游戏；开设了可以多向交流的“健康Club（俱乐部)”，和各个年龄层的女性亲密讨论相关话题，进而把该微信平台打造成一个爱美丽、爱时尚的新时代女性自媒体社区。

太太微信平台最早引爆微信朋友圈的是一款名为“神奇魔镜”的小游戏。该款游戏先对用户的照片进行有效监测，之后结合权威人脸识别数据库，对五官进行精准扫描；然后，用科学手段分析得出人物的国际标准年龄，为用户打造了一个测美貌、测年龄的神器。同时，太太团队还为用户准备了1万多份好礼，体验游戏的用户只要关注官方微信就可以获得。结果，游戏上线1小时，点击量上万，当天服务器甚至一度瘫痪；5天后，官方微信精准用户增加了上万人次，在朋友圈中热度不断攀升。

有趣的创意和惊喜还不止于此，2014年七夕期间，太太平台推出了“指纹蜜码”：拉着TA的手指，通过手机指纹验证、触屏过电，即可测试缘分指数，吸引了大量网友参与测试和转发。

互联网时代，玩法已经发生巨大变化，只有用消费者喜欢的方式跟他们对话，才能胜利。太太正是借助互联网思维，以消费者本位作为行动准则，进一步取得了女性消费者的喜爱和信任，逐步树立和提升了互联网时代的新“太太”形象。

这是一个互相借势的过程。这个互动借势的过程有两个关键点：首先，要了解对方的需求；其次，要充分调动身边的资源。

在社群发展过程中，无论是借助发起人的势，还是借助发起公司的势，抑或借助身边朋友的势、合作伙伴的势，都是借势。可以借助的手段多种多样，借助人物、事件等的社会效应，完全可以达到品牌推广的目的。

鼎言钧语

不管是做企业，还是做社群，都应借势而动，顺势而为，让更多的人依赖你的品牌，实现高效转化。

充分利用美女经济

如今，各种各样的运作模式层出不穷，在许多产品的包装和广告上都出现了很多靓丽的形象。同样，要想做好一个社群，也不能忽视了美女经济。

目前，很多微商也在借助明星效应、美女效应运作品牌，比如思埠。

思埠集团仅用了短短几个月的时间，便挺进了微商市场，旗下的天使之魅、黛来美等系列化妆品在微商美妆品牌中迅速崛起。

其中，天使之魅系列产品由国内一线艺人杨恭如倾情代言，受到了广大消费者喜爱和拥护。而黛来美品牌的面膜则由国内一线艺人秦岚代言，提高了产品知名度。

一方面是代言人带来的明星效应，另一方面是产品的自身价值，让思埠在美妆品牌中快速崛起。

在信息爆炸的年代，社会注意力成为一种稀缺资源，美女经济的核心在于吸引更多的注意力。在这种经济模式下，产品知名度和认可度的提升不仅依赖于产品本身，还在于美女自身的曝光率和人气，这同样也是一种对社会注意力的吸引。

美女效应的关键是美女的知名度，而知名度又是一个人的社会认知程度，美女效应之所以具有号召力，原因也正在于此。

2015年广州召开的建筑博览会上，观展人员参加展会，不仅可以看到新产品、新技术，还能大饱眼福。现场有古朴风雅的白衣美女，为人们弹琴奏筝；活力十足的美女，为人们表演高难度瑜伽动作；前卫大胆的美女模特，向人们展示了人体彩绘……爱美之心人皆有之，放眼望去，在这个规格甚高的顶尖展会上，各大展馆无一例外都选择了美女助阵。

在品牌营销过程中，不管是促销人员，还是门店导购，甚至是广告宣传的主角，美丽的女性总能以自身的魅力吸引大众的眼球，提升宣传效果。

美女对于关注度的影响，确实不能否认，聪明的商家总能巧妙地将吸引来的目光转化为直接经济效益。有美女的地方，人气往往更为鼎盛。

要想做好社群，就要重视美女经济的重要作用。如果想提升活跃度、扩散话题性，就要重视美女话题。现在，很多微商都在借助美女效应运作自己的产品，美女经济的作用由此可见一斑。

那么，如何利用好美女经济呢？如何选择适合自己品牌和产品的美女呢？企业不仅要把这些美女的资源通过社群更好地带动起来，还需要策划各种活动帮助社群里的美女扩散。具体来说，就要遵从以下四项原则。

1. 注意范围的选择

即使是刚刚出生的婴儿，看到美女从身边走过，也会露出灿烂的笑脸。可是，针对不同类型的美女，不同的群体也会做出不同的反应，因为每个人对于美丑的判断标准是不同的。如果美女不被目标消费群认同和喜欢，不仅无法实现理想的效果，还可能产生负面影响，造成更大的损失。

2. 吸引他人的注意力

如果想判断消费者对某个美女的关注度，只要看看他在美女身上停留的时间即可。研究发现，漂亮女孩吸引人们（包括男性和女性）停留的时间要比不漂亮的女孩多出 10%，因此如果想提升影响力，最好与美女合作。

3. 选择有感染力的美女

美女的“美”，不仅体现在表面的欣赏、感官的刺激，还能在一定程度上赋予某种产品更好的印象，提升受众的心理和生理体验。他们会觉得购买或使用该种产品后，也会像产品广告中的女性一样美丽，或者产生和美女在一起的感觉。

4. 人和事件匹配

使用美女形象的时候，要看她们的气质、背景、社会关系是否和企业的资源、行业属性、品牌定位、市场定位、产品特征、渠道结构、目标消费群偏好相匹配。如果相异，最好重新选择。

鼎言钧语

爱美之心，人皆有之，美女作为一种稀缺资源，在经济活动中，一直扮演着不可忽视的作用。明星代言、网红经济中，一半以上和美女经济有关，在社群运营过程中对此善加利用，就可以画龙点睛。

第八章

不断学习

——跟着名企做极致品牌

社群是企业长期吸引、转化用户群的好方式，可以为企业和应用冷启动、快速切入社交网络提供解决方案。在移动互联网时代，一款应用的用户日活跃表现是一个关键数据，它喻示着用户与应用的关系好坏，也代表着产品质量、运营质量好坏。那么应该如何营造和管理这样的社群氛围呢？

星巴克——消磨时间的极佳地点

一说到用户体验，星巴克的董事长霍华德·舒尔茨绝对是个神奇的人物。在经济学家眼中，咖啡是一种典型的“大路货”，可是到了他的手里，却被升华为一种喝咖啡的体验，星巴克也成为人们闲暇时消磨时间的极佳地点。

星巴克利用微信完成了与众多用户互动，很多项目都给用户留下了深刻印象。在微信公众平台的运营上，星巴克是成功的典范之一。

2012年8月28日至9月30日，用户只要登录微信，扫描二维码，就可以将“星巴克中国”加为好友。之后，只要向“星巴克中国”发送一个表情符号，星巴克就会立刻回复用户的心情。这时候，用户就会听到星巴克《自然醒》音乐专辑，收听到星巴克专门为用户精心打造的曲目，感受到《自然醒》的超能力。

在实施过程中，星巴克先从全国门店开始，将老客户吸纳为自己的星巴克微信公众平台的用户；然后开展各种活动，让用户将此活动推荐给朋友。结果，仅用了很短的时间，星巴克微信公众平台的用户就爆发成功，瞬间达到20多万人。

为了配合早餐系列新品上市，从2012年10月8日起星巴克还推出了“星巴克早安闹钟”活动。用户只要下载或更新“星巴克中国”手机应用，每天早上7~9点在闹钟响起后的1小时内到达星巴克门店，就有机会购买到纯正的咖啡饮品，同时还能享受到半价购买早餐新品的优惠。

……

对于传统企业来说，一旦产品的价格下降，就意味着企业即将丧失定价权，未来增长可能会放缓。其实，行业性价格下降，不仅说明市场上众多货品化的“大路货”在打价格战，同时也说明行业内缺少创新型产品，需要变革创新。当产品开始货品化的时候，也会出现更多的创新机会，而社群经济带来的体验就是一个重要的创新方案。

如今，互联网已经让无数的产品展现在了同一个平台上，彼此竞争。在淘宝、天猫、京东等知名平台上，就有无数类似的产品。除了价格竞争外，同质产品之间难寻其他的竞争点，因为互联网已经成为推动传统企业产品快速商品化的巨大力量，其趋势无法阻挡。现在，真正具有威力的是用户体验，即让每个人都以个性化的方式参与其中。

星巴克“全球服务月”自2011年启动，为了宣传“低碳、绿色”的新生活理念、关爱身边每一个人，第六届全球服务月长沙站活动于2016年4月开幕。

70多位星巴克伙伴志愿者分成6组，针对社区居民开展了丰富多彩的活动，比如环保盆栽、咖啡教室等；同时，还为居民提供了环保布袋和废弃的纸杯，鼓励大家发挥想象，在上面DIY（自己动手制作）各种图案。其间，志愿者还与社区居民打了一场别具一格的趣味篮球赛，倡导绿色健康的“运动”新生活。

咖啡渣不仅可以用来制作除臭袋，还能种植小盆栽。活动中，身着统一“绿色”服装的志愿者，用提前准备好的咖啡渣种植绿色植物，为社区增添了一抹绿色。

在咖啡教室现场，志愿者不仅煮起了咖啡，还为小区居民准备了丰盛的时令水果。在讲解了咖啡小常识后，志愿者还跟用户分享了星巴克的企业文化，活动现场反响热烈。

在产品高度同质化时，为了在激烈的市场竞争中获胜，企业会主动给用户提供新的产品功能。可是，在社群经济盛行的今天，企业应不断满足用户的需求，不断地为用户创造价值。当所有的同行都在为用户创造价值，无法形成差异化的产品时候，最后决定胜负的关键就变成了用户体验。

移动互联网的出现，不仅缩短了人与人之间的距离，扩大了服务的接触面，还增加了更多的交流工具，提供了更多的渠道，为体验提供了更强大的想象空间。商家既可以让产品在互联网平台以产品质量一决高低，也可以以超低的价格席卷市场，可是却无法提供让用户参与到产品开发和设计中的体验；你可以让客户代表更加热情，可是却难以提供生活形态的体验。

鼎言钧语

在产品高度同质化时，企业过去给用户提供的是功能，现在则要满足用户的需求、给用户创造价值。星巴克不是在卖咖啡，而是在卖情怀。

三只松鼠——重视情感联系和互联网体验

安徽三只松鼠电子商务有限公司成立于2012年，集坚果、干果、茶叶等森林食品的研发销售为一体。三只松鼠品牌一经推出，就被风险投资机构所青睐，先后获得多方投资，比如IDG（美国国际数据集团）的150万美元A轮天使投资、今日资本的600万美元B轮投资。

2012年三只松鼠崛起时，大多数传统企业还没有完全触网，而已经触网的传统企业还没正确认识到品牌对电商企业的真正作用。章燎原虽然是传统企业出身，但他比传统企业更早接触互联网，既懂得传统企业营销管理供应链，又懂互联网，还懂得品牌管理。三只松鼠找到了自己的优势，在短时间内崛起，完成了自己的“逆袭之战”。

1. 三只松鼠的目标消费群体为“80后”和“90后”

“80后”“90后”是网购休闲食品的主力军。三只松鼠将目标客户群体瞄准在目前使用网络较多且对休闲食品需求较大的“80 后”“90 后”身上，产品研发、包装、广告和客服都围绕年轻人的购物习惯和偏好展开，满足了年轻消费群体的需求。

据分析，在中国，20～29 岁人群使用网络最多，占比约为30%；其次是 30～39 岁人群，占比约为24%；10～19 岁人群占比约为20%。在目前中国的总人口中，20～29 岁的人群占总人口比重约为 17%，30～39 岁人群占总人口比重约为 15%，10～19 岁人群占总人口的比重约为 11%。

随着“80 后”“90 后”，甚至“00 后”人群占比逐渐增加，使用网络的人数也随之增加，网络购物必然会进一步对线下消费造成压力，包括食品在内的各种商品的主要消费模式必然会随着人口的更替逐渐由线下转到线上。

2. 赋予品牌生命力，使品牌人格化

（1）品牌形象辨识度强。三只松鼠的品牌形象有着极高的辨识度，卡通形象别具一格，符合“80 后”“90 后”网购主力军的审美标准。此外，三只松鼠的取名偏口语化、容易记忆、传播性强，能使消费者一下联想到这家企业。品牌形象中的松鼠小贱爱卖萌，代表坚果类产品；松鼠小酷是技术宅，代表干果类产品；松鼠小美则是现代女性的典型代表，代表茶业类产品。三个形象深入人心，不仅赢得了消费者的喜爱，还有力地拉动了产品消费。

（2）实现了品牌人格化。三只松鼠品牌的创造与传播，让三只松鼠从一个食品品牌变成了让顾客快乐的文化生活品牌。为了实行品牌的动漫化战略，拉近与消费者间的距离，2014 年 4 月，松鼠萌工场动漫文化有限公司成立，其使命就是为三只松鼠动漫形象的传播而努力。可爱的动漫形象

不仅给消费者带来了欢乐，而且强化了品牌的互动性、沟通性、参与性与分享性，将单纯的品牌LOGO发展成了一个有生命力的人格化品牌。

同时，三只松鼠还推出了各种周边产品，比如毛绒玩具、抱枕、手机壳、拖鞋、水杯、口罩、卡套等。三只松鼠通过可爱的卡通形象和优质的产品质量，进一步强化了品牌形象。

3. 利用情感牌提高二次购买率和口碑转换率

（1）“慢食快活”契合了年轻人飞快的生活节奏。三只松鼠将自己定位为森林食品品牌，符合人们对自然、环保、生态的诉求；倡导“慢食快活”的生活理念，与年轻人的内心诉求保持一致。三只松鼠瞄准消费者的情感诉求进行产品设计与开发，在网页产品描述、产品包装和小礼品等方面都传达出了自己的文化理念，建立起了顾客与品牌之间的情感联系。

（2）网上客服“超出预期”。优质的服务是三只松鼠的主要竞争力之一，其网上客服的能力是令用户感到“超出预期”的，网上客服通过感动消费者来实现品牌传播。目前，松鼠小贱、小酷、小美都已开通微博和微信，通过吃货评定委员会、晒单、玩游戏、活动公告等方式随时跟顾客进行互动，提高了顾客的忠诚度。

（3）包装精致有格调，贴心服务打动顾客。三只松鼠将自己定位为现代白领休闲小食品，产品包装以原木色为主色，包装纸上印有松鼠形象和卖萌小故事，二者保持了品牌一贯的“卖萌”风格。此外，三只松鼠在人性化和便利化方面也付出了努力。每个包裹中都会附赠一个松鼠体验包，里面附赠鼠大袋、鼠小袋、鼠小夹、鼠小巾，帮助顾客解决了吃零食脏手、垃圾不方便扔、零食一次吃不完等问题……

4. 互联网体验

（1）线上销售模式和新型营销。三只松鼠将自己定位为纯互联网食品品牌，线上销售，省去了门面租金等费用，缩减了商品流通环节，降低了产品的成本和价格，提高了供应链控制能力和存货周转能力。运用线上交易平台积累的交易数据，三只松鼠不仅充分提升了顾客的购物体验，还提高了营销工作的成功率，更准确地把握住了消费者对商品的偏好趋势。

（2）品牌扩张的经验借鉴。三只松鼠的融资能力、产品定位、销售渠道和营销模式等，都成就了品牌。其中，强大的融资能力为公司实施低价扩张策略提供了资金支持；以坚果为切入点并将休闲食品作为主要产品，促使公司规模不断扩大；将目标客户群体定位为使用网络较多且喜欢休闲食品的“80 后”“90 后”，围绕这一群体的购物习惯和偏好展开营销，是品牌营销的制胜点。

鼎言钧语

三只松鼠的成功不仅是互联网品牌的成功，更重要的是，企业通过社群掺入了娱乐元素，把三只松鼠这个品牌活灵活现地展现在了用户面前，让企业在消费者心目中有了不一样的形象。

亚马逊——赋予消费者情感

亚马逊公司是美国的一家网络电子商务公司，位于西雅图，是网络上较早开始经营电子商务的公司之一。

亚马逊的大数据运用到个人层面，发挥出了更大的情感效力，对每一个顾客的喜怒都造成了影响，推动他们去爱你或恨你。如果一位重量级的顾客购买了一条不合身的裤子，亚马逊通过数据分析，会直接赠送给对方一条新的。

在客户服务方面，亚马逊一直都在努力，比如为用户提供破损商品的退换服务，对于客户抱怨、快递等问题都认真负责地处理等。这些做法赢得了用户的忠诚度，有些消费者即使是在其他渠道消费，也会先在亚马逊网站上浏览一番。靠着用户的忠诚度，亚马逊进入了发展的快车道。

亚马逊知道，当顾客拨打客服电话、发送电子邮件或跟员工交谈时，其实就是顾客在发起一次会谈。在沟通过程中，为了让顾客感受到个性化和人性化的体验，顾客数据会立即成为现成的工具。亚马逊不仅会接通电话，还会立即将全部信息呈现给消费者，让客服和顾客对号入座，营造出一种人性化的对话氛围。

亚马逊通过自己的亲身实践告诉我们，对消费者透明并赋予控制，他们就会爱上你并留下来；赋予消费者情感，他们也会给你情感。那么，亚马逊是如何做到这一点的呢？

1. 亚马逊物流供应系统

亚马逊坚持从客户体验出发，不仅为客户提供了更方便、更快捷的服务体验，也为企业赢得了新的竞争优势。消费者最关注的是物流配送的及时、准确、便捷，由此亚马逊从消费者体验出发构造了物流体系。

亚马逊不仅采用了货到付款的支付方式，还将消费者购物的流程缩减为四个步骤：产品展示—进货—仓库中转—送货。具体来说，亚马逊的物流供应系统优势主要有以下几点：

（1）自主配送，物流供应迅速。顾客在网上确认订单后，经过订单处理中心，信息会集中汇总到库房；然后由负责部门进行拣货、配货，交由配送公司运送到各个站点；最后根据不同的送货线路对配送员进行有效分配，将货品送到客户手中。

（2）针对性服务，十分人性化。顾客在网站上确认订单后，亚马逊会为顾客提供多种可供选择的送货方式和送货时间，送货时间和送货地点也可以另行约定。

（3）以消费者满意度为考评指标。亚马逊通过与各地第三方物流公司合作，将分散在全国的配送公司整合起来，形成了一个整体物流系统。

2. 亚马逊的客户服务系统

亚马逊的客户服务信息系统，以客户管理系统为支撑，收集的数据量大、详细，主要包括客户数量、客户账户信息、客户购买信息、客户偏好、客户评价体系、客户服务、邮件服务等，详细地储存了所有客户在网站上的活动信息。

（1）客户注册管理系统。客户一旦注册成功，亚马逊就会收集到客户信息，建立起与客户沟通的渠道。而且，亚马逊的客户注册系统简单明了：只要填写本人的常用邮箱，设置使用密码，就可以在亚马逊上获取一个账号，长期使用。如果客户丢失了密码，则可以通过邮箱认证的方式获取新密码，保证账号的连续性。

（2）客户账户信息管理。在客户注册后，亚马逊的客户管理系统就会进行记录并为客户提供账户。账户主要信息包括订单管理、付款设置、个性化设置、历史浏览记录、心愿单等。

鼎言钧语

亚马逊的成功，不仅因为它在服务方面狠下功夫，还因为它对消费者满满的爱。这种情怀让消费者信赖，有归属感。在社群运营中，服务是大地，情怀是天空，两者都要有。

"叫个鸭子"——和消费者一起建造社群品牌

2014年3月曲博跟他小伙伴开始筹备"叫个鸭子"品牌，并于同年5月正式成立该品牌。开始的时候，他们给互联网、媒体圈的朋友共送去100份产品，此后基本是靠口碑传播积累用户。2014年8月12日，微信"叫个鸭子"个人号用户好友超过5000人，回单率高达60%，日订单量过百，单日流水约2万元……在分众时代，如何利用社群经济把品牌交给消费者一起运营，值得每位商家思考，而"叫个鸭子"却成功地做到了。

1. 强调自传播性

"叫个鸭子"把互联网思维定义为自传播性，可以从三个角度来理解：

（1）产品。好的产品会说话，口味是核心，安全卫生是保障，同时要保证产品快速迭代和包装、产品形态创新。

（2）服务。"叫个鸭子"以用户为中心，为用户提供人性化服务，对服务团队充分放权，鼓励团队及时变通适应用户需求。

（3）品牌。团队坚持"跟鸭死磕"文化，与用户深度互动，提高了品牌影响力。

2. 自传播性在创业初期的体现

（1）名字很关键。“叫个鸭子”的名字就很有自传播性。王中磊之所以将个人的“处女投”投给“叫个鸭子”，就是因为这个独特的名字。

（2）主动制造话题。就产品本身来说，鸭子好吃是基础，即使有人分享，但人数也无法令企业满足。可是，草莓味的鸭子却能形成话题，让人们积极地参与分享、讨论。这就说明，在产品里渗透自传播性的部分，能让你跑得更快、更远。

（3）不断积累品牌。“叫个鸭子”把“鸭”元素贯彻到各个细节之中。例如，王牌配送小哥叫“鸭王”，产品叫“鸭绿江（粥）”等；送餐人员转身离开，背后写着“鸭子走了”。

（4）挖掘分享的动力。“叫个鸭子”的顾客90%是女性，为此企业发起了为期一个月的“鸭寨夫人选美”，用户只要发张与“叫个鸭子”产品的合照，便可以参与选美活动。

3. 保持“用户运营”这个核心动力

“叫个鸭子”团队只有几十人，核心团队成员的工作背景主要是互联网和广告领域，企业的供货商是一家白洋淀的鸭厂，专供双黄蛋。职务分类上，除了行政职位外，主要岗位是配送团队和用户运营。

用户运营的团队成员都是“90后”，他们不仅是在卖产品，更是在跟用户交朋友。他们了解用户，面对不同的情况，会采用不同的应对策略。

一天，有个顾客打电话订餐说：“我已经在你们家点过多次外卖，但都是送给女朋友和她父母的，自己没吃过。如今我跟女朋友分手了，想点一只自己尝尝。”运营服务人员听了觉得很难过，就免费送给他一只鸭子。

4. “叫个鸭子”对未来的设想

“叫个鸭子”社群的聚集不是招募信徒，而是找一群志同道合的伙伴，交个朋友，大家在一起玩。“叫个鸭子”的回单率有60%，用户90%以上是女性，她们有很多共同特征：年轻白领、爱好新奇事物、乐于分享。这些特征都可以进一步挖掘和整合，企业可以有针对性地发展社群经济。

鼎言钧语

一个好名字是事业成功的良好开端，不管是娃哈哈还是阿里巴巴，都在起名上下了很大功夫，社群起名也要考虑自传播性，这样运营才可以事半功倍。

西少爷肉夹馍——独创的新媒体传播

2014年4月，西少爷第一家店铺在北京市五道口首次营业。

2014年5月，全球媒体纷纷关注，短短一个月西少爷就已经拥有将近一亿元的估值投资。

2014年6月，西少爷创造了全球最高坪效。

2014年7月，西少爷建成全流程标准化体系，完成蜕变。

2014年8月，第一家分店成功入驻Shopping Mall，自此西少爷走上了连锁之路。

2014年9月，第二家分店顺利入驻北京市中关村购物中心，毗邻肯德基。

2014年10月，西少爷创业街店开业。西少爷成为创业者的典范，很多创业者都是边吃西少爷的肉夹馍边工作的。

2014 年 11 月，第 100 万个西少爷肉夹馍被销售出去。

2014 年 12 月，北京市朝阳大悦城店开业，西少爷带来全新的潮流趋势。

2015 年，西少爷对第一家店面进行升级，将 10 平方米扩大至 200 余平方米，打造西少爷肉夹馍旗舰店。

2015 年 5 月 27 日，北京市望京 SOHO 店开业，第一天就卖出 7000 多个肉夹馍。

……

看到这样的成绩，相信人们都感到惊讶。可是西少爷是如何做到的呢？西少爷创造了一种独特的新媒体传播方式。

西少爷肉夹馍的传播方式不同于传统产品的传播方式。传统品牌的传播路径是产品—大众媒体—大众消费者；而西少爷肉夹馍的传播路径是产品—企业自媒体—科技自媒体—新媒体科技博客—大众媒体—大众消费者。西少爷肉夹馍式的传播方式体现了新媒体时代传播方式的特点，主要有以下几点：

1. 始于新媒体

这里的新媒体并不只是社交媒体，还包括在互联网时代诞生的自媒体、科技博客等。

2. 产品由高端扩散至大众

媒体的传播方式并没有直达消费者，品牌或产品在初期阶段，一般是先在科技、商业等小圈子内广为流传，之后再由这些圈子扩散至大众。

3. 公关、广告同时进行

新媒体传播不会投入巨资做广告，而是公关、广告同时进行。企业曾推出一篇写肉夹馍的文章《创业者手记：一个肉夹馍的研发不亚于一个搜索引擎》。这就是一种公关手段，但它完全达到了广告效果。后续传统媒体跟进报道，同样将西少爷肉夹馍广而告之。因此，新媒体传播方式是公关与广告同时进行，二者不可分开。

4. 口碑传播和社群经济

新媒体传播方式不会做大投入的广告，因此不能在告知大众消费者的道路上一蹴而就，只能小步慢跑。运用这种传播方式，企业通常会在早期使用产品的人群中建立比较好的口碑，并形成最早一批产品和品牌用户；然后，这些用户将口碑扩散下去，影响更广泛的人群；最终，越来越多的粉丝会构建一种社群经济。

鼎言钧语

社群的传播如水晕一般，是波形的传播，而不是线性传播，运营好原点显得尤为重要。工匠精神和极致的体验，都是社群时代的刚需。

小米——两次引爆 QQ 空间

2014 年 3 月 26 日中午 12 点，500 多万用户一起涌入了 QQ 空间的红米首发页面，最高峰值为 80 万人/秒；加上之前已经有的约 1500 万用户，小米创造了国内手机品牌社交网络预售的全新记录。

2013年小米第一次首发QQ空间，给人们带来不小的惊喜；第二次与QQ空间合作时，虽然对手纷纷出招，但小米依然引爆了QQ空间。2013年红米首发，小米的QQ认证空间用户从100万人骤增至1000万人；半年后小米再次引爆QQ空间，用户接近2700万人，成了当时企业QQ认证空间中人数极多的社群。

半年时间，两次引爆QQ空间，小米是如何做到的？

互联网时代，一切产业皆媒体。为了提高影响力，企业纷纷进驻社会化媒介渠道，管理者也开创了自己的自媒体。可是，简单的发布渠道和冰冷的广告灌输，已经无法达到理想的效果，只有认真打磨媒介传播，引导社群参与，才可以获得口碑，成功引爆。

小米与QQ空间的合作并不是单纯去做预售公告，而是加入了激发族群社交的引爆元素。比如，红米Note的首发一共设定了三个环节，即预热、预约、抢购，环环相扣。用户只要在QQ空间发布一条说说，向好友集齐32个赞，便能抽取三次预约机会。这种营销限于熟人圈子，产生了巨大的传导效应，结果上亿用户参与了点赞活动。

要做好“媒介产品化”并没有捷径，关键还要看企业在运营当中是否“走心”，是否具有产品思维，是否能够吸引用户主动参与。在小米创立初期，雷军就曾在微博上发起过“我是手机控”的活动，用户只要参与，就可以收到一份属于自己的“手机编年史”，内含用过几部手机、话费多少等信息。这种做法击中了很多人心里的怀旧情结，引发海量的用户主动分享。

2014年，小米在QQ空间创造了销售神话，90秒卖出10万台，惊爆了很多人的眼球。可是，大多数人只是看到了结果，并没有意识到这是一场经过提前预测与精准匹配的社群引爆事件。

为什么小米会再度与QQ空间合作？不仅因为社群有着极高的匹配度与用户活跃度，还在于小米对流量迁移红利异常敏锐。例如QQ空间的分享量级，2014年1月1日的24小时内，QQ空间的内容发表超过10亿次，平均每秒1.15万次。

当然，最关键的是，企业对口碑效应的依赖性越来越强，无法在社交口碑中生存，自然就不能有效触达用户。因此，要想追逐社交红利，就要通过分享、签到、点赞等互动方式引爆社群商业的新玩法。

不过，要想实现多次引爆，除了上述提及的精准匹配能力外，场景化能力也是非常重要的。小米与QQ空间的新合作在移动社交上实现了两大创新：一个是签到红包，一个是信息流广告。

签到红包：用户只要在QQ空间的App上点击“签到”按钮，选择“签到有码咯”，发表一个签到，就可以收到来自QQ空间的私密消息，获得红米Note的预约码。

信息流广告：在用户行为和偏好分析的基础上，QQ空间向用户推荐他们可能感兴趣的广告，使广告的针对性更强、更有用，不会给用户造成困扰。

鼎言钧语

“一切产业皆媒体”“产品即媒介”，企业与其把媒体当作渠道发布，不如在极致上下功夫，做引爆，只要输出真善美的内容，就能在社群中引发无边界传播。

吐火罗品牌社群——品牌社群创新体验

吐火罗是天猫上的一个手工皮具品牌，在品牌社群的创新模式中，吐火罗品牌社群组织的第一次迁徙之旅活动就非常成功。吐火罗将品牌文化、品牌社群、多元的社会化媒体结合在一起，组织了这样一个品牌社群。此次活动由社会化营销顾问指间柔沙组织策划，17 位品牌族人一起远赴敦煌，共同体验古代吐火罗民族的迁徙文化。同时，企业还利用各种社会化媒体和工具对活动进行了记录和传播，进一步印证了自己的品牌追求。

在吐火罗小店，凡是购买过产品的客户都是吐火罗族人。团队向族人宣布：他们将组织一次敦煌之旅，跟客户一起考察吐火罗祖先的发源之地。他们利用两个月的时间，通过微博、店铺上的活动，从几千名报名者中选出 17 名参与活动。

接着，团队为所有参加吐火罗迁徙之旅的族人定制了旅行装备，从服装、鞋子，到方巾，都能展现出吐火罗部落的独有风格。团队还组织了一个工作组，担任旅行中的摄影师、微博直播者、主持人、领队等角色。

吐火罗部落族长阳阳带着大家从浙江台州出发，七天后，到达吐火罗的发源地敦煌。在行程中，大家长途跋涉，点起篝火，安营扎寨；休息的时候，舞蹈教练还教大家跳吐火罗部落舞蹈，传授吐火罗部落的手势语。

社会化媒体贯穿于活动的整个过程。族人用微博和微信随时播报旅行见闻和花絮，用博客记录了一路上的有趣故事；通过社交平台组织有趣话题和系列竞赛，让更多的族人一起分享了旅行中的欢乐。

事实证明，这是一次成功的社会化营销。吐火罗在这次活动中将品牌文化、品牌社群、多元的社会化媒体结合在一起，是一种全新的组织品牌社群的体验。

吐火罗品牌组织的这次活动告诉我们，社会化媒体营销已经能够实现初级阶段品牌和客户对话，每个参与其中的客户都可以用多元的方式体验品牌文化，之后再将自己的真实感受传递给圈子里的朋友。

如今对于企业来说，创建社群已经成为自己的营销使命，品牌社群也成了连接用户的孵化器。只有不断地在社群中寻找品牌的拥护者，将他们聚集在一起，与他们共创品牌，才能挖掘出源源不断的需求。

鼎言钧语

吐火罗用各种社会化媒体和工具记录、传播这次活动，印证了自己的品牌追求。好的社群的发展史，本身就是一个有价值、耐人寻味的故事。通过工具记录让精华重现，在社群运营中尤为必要。

第四部分

洞悉社群：把握未来

个人关系链和社群，是社交网络中最为常见的两种形态。如果将这两种形态看作是社交网络中的两个典型场景，那么就是“好友”和“群”。在社群时代，企业要具备敏锐的眼光，洞悉一切。因为唯有如此，才能抓住未来。

——王鼎钧

第九章
回归自我
——小个体也可以有自己的社群

在以往的社会体系中，你能接触到谁，基本是由你所处的环境决定的。置身在一个组织中，组织中的人就是你人际关系的基础，至于你是否喜欢他们，他们是否适合搭伙，只能交给运气。在大多数情况下，你和他人的频道是不同的，偶尔在某一场合遇到一个有共同语言的对象，你就会大喜过望，就会觉得“相见恨晚”。而互联网却创造了自由连接的可能性。

每个人都是大“明星”

每个人都是一个品牌，关键看如何经营。时下正流行贴标签，或许你身上的标签还不够耀眼，但将它们组合在一起，就会产生不一样的效果。

曾任职于GE（通用电气）的杰克·韦尔奇没有把自己定义为CEO，而是把自己定义为CHRO，即首席人力资源官，负责选拔培养和管理企业的领导者。其实，每一个人都是一个品牌，经营好自己的品牌就是经营好自己的未来。那么，社交时代的社群经济学到底该以何种方式落地？

1. 社群时代，每个人都是大“明星”

社群时代，每个人都有机会。社交网络时代，每个人都是“明星”，每个人都有拥护者，没有质的区别，只是量的差距，社交网络让明星与拥护者轻松实现了互动。

爱定客从定制鞋子开始，已经将业务扩展到3C产品（信息家电）、手机壳、电源、文具用品、家居用品等方面。目前，爱定客的社交化电商探索已经得到众多创意人士认可，注册用户近百万人次，很多在校学生都在这个平台上获得了不菲收入。

爱定客的“粉丝经济学”是：“粉丝”是最直接的个性化定制产品的消费者，他们需要定制带有“明星”元素的产品。通过爱定客平台，“明星”不再只是产品的代言人，还是产品的直接制造者。

借由互联网的力量，用户可以将“明星”与“粉丝”互动的内容生成可销售的产品，将情感转化为有价值的独特商品。比如，你画了一个漂亮的涂鸦，然后要把这个涂鸦印在一双鞋上，可是，你不可能自己为自己提供后续生产，怎么办？很简单，只要你有好的创意，其他的部分由爱定客负责。

爱定客已经与新浪微博正式达成合作。合作模式很简单：微博用户可以开设自己的微店铺，创造自己的品牌商品，在微博上销售，后端供应链与客服物流等都由爱定客平台负责。如此，用户、新浪微博和爱定客三方就组成了一整条开放、互动的产业链。在这条产业链中，用户不再只是被动接受信息的推送终端，而是产品甚至品牌的创造者和代言人。

2. 社交化电商：微博优于微信

为了在社会化媒体中得到更多经济回报，各大电商早已经开始向社会化靠拢。2013 年 4 月阿里巴巴以 5.86 亿美元注资新浪微博。随后新浪微博开始逐渐变化，电商元素加强。但阿里与新浪的这种合作主要是用户层面上的，仅仅是换个平台的个性化广告推送而已，是一种变相的阿里电商宣传窗口。

真正的社交电商就要充分利用平台的特点，让品牌和产品产生社会化的经济价值甚至溢价。

如今，社交化电商利用社交平台过度营销已经成了热门话题。可是，如果要做社交化电商，微博其实比微信朋友圈更有前景。

这是一个个性化时代，每个人都想表达自我，都要找到符合自己需求的个性商品。在微博上，个性小店虽然很多，但它不会时刻打扰你，当你需要时你又可以通过搜索找到它……在社交化电商面前，微博明显比微信朋友圈更有优势。

鼎言钧语

微信用户数虽然很大，很多微商也获得了极大成功，但成功背后的秘密则是概率。假设一个人有 5000 个微信好友，只要组建一个 100 人的团队，就可以对 50 万人造成影响，东西自然可以卖出去。每个人都是大

“品牌”，都能成为大明星。

不断学习，赢得竞争

传道授业能为你建立起凝聚力，这是传统市场策略无法比拟的。在社群运营的过程中，不要害怕让人看到你的缺点，只有大胆展示自己的不完美，才能激起人们的共鸣。

淘汰郎成立于2015年3月，以自制秘方火锅系列为主打产品，目前覆盖北京、上海等地。其打破了火锅的传统堂食销售模式，充分将线上销售、线下零售门店和社区超市销售结合起来，将火锅打造成了60分钟内随叫随到的小火锅“快餐”。

基于O2O的火锅外卖已经不新鲜，为什么淘汰郎一出现就立即形成了现象级效应？这里，我们就来做简单分析：

（1）抓取特定的消费场景。淘汰郎模式的确立，主要基于对火锅消费趋势的判断：随着交流方式的改变，传统火锅正裂变为更多元、更细分的消费场景，比如从户外走向室内、从围桌走向吧台、从热闹走向情调等。淘汰郎从中抓取了一个特定消费场景，粘住了偏好或需要此场景的忠实用户。

（2）从产品到情绪。我们对传统火锅的体验核心往往并不在于食物。伙伴们热热闹闹地吃完一顿火锅回到家里后，多半都回想不起来这一餐究竟吃了什么、味道怎样，因为热闹的氛围已经剥夺了感官的品味。其实，中式火锅完全可以吃出西式的情调。

追求“情调”是一种内在的身份和情感需求。淘汰郎努力迎合这群人的口味。用户的良好情绪，正是来自于各方面的体验。

在产品上，淘汰郎做到了高端、精致：选用澳洲的雪花牛肉，且只选取牛肩部、背部的肉；每份骨汤锅底历经七个多小时的熬制，火锅酱料经过多次试验；蔬菜严格挑选当天采摘的有机蔬菜……顾客可以在此吃到一份健康且富有营养的火锅。

（3）开展噱头十足的营销。淘汰郎运营 6 个月后，玩了一把噱头十足的营销：火锅香槟挑战炸鸡配啤酒，获得了朋友圈大量转发。企业几乎没花费什么推广成本，就取得了优质的效果。

为了在激烈的市场竞争中获得胜利，企业要多学习，不仅要带领团队学习，还要给粉丝们普及相关的知识。

1. 做好数据分析

每个微信公众号的后台数据都会呈波线状态，一定要把握住数据的变化。仔细分析数据变化的原因，才能把微信公众号做好。

（1）分析用户变化数据。如果你是一个懒得做数据分析的人，那么你的微信公众号一定运营得很烂。运营人员应在每周都整理出每日的新关注人数、取消关注人数、净增关注人数等，完成累计关注人数的统计报表。数据分析首先需要确定粉丝公众号当前处于哪个阶段；之后再看什么样的内容可以让粉丝增长更快。0～5000 人是第一个门槛，5000～50000 人是第二个门槛，5 万人再往上突破就相对容易了。通常来说，在 5 万人以上这个阶段，粉丝的兴趣爱好、黏性已经被培养出来了，各种维度的内容已经覆盖了他们。

（2）做好用户画像。要从男女比例、地域分布、平均年龄等多个维度来给用户做画像，并结合平时与粉丝的互动情况再做详细勾画。如果你走的是重度垂直行业，比如重卡汽车，随着数据积累，用户的画像会越来越清晰，这时候就要把粉丝的特征用几个关键词归纳好。当然，并不是说将这个关键词整理出来就可以了，它会随着微信公众号发展阶段的变化而变化，所以要定期通过投票或者其他方式收集用户的反馈意见，不断地优化。

(3) 让用户积极参与互动。很多人做互动的原则是“我给用户答复了即可”，这是非常不可取的。在与用户互动的过程中，用户回复、评论等数据的价值都非常高。每天的粉丝关键词互动次数、自定义菜单点击次数，都可以作为调整关键词和自定义菜单栏的参考数据。

(4) 统计分析图文内容。社群时代之所以能够产生很多自媒体，就是因为它们的内容好。内容是运营微信公众号最重要的一环。所以，要认真分析自己微信公众号内容的方向。

(5) 分析活动数据。每次做完活动必须统计数据，数据统计与分析应该是活动的一部分。其中，粉丝增长数、互动效果、图文分享次数等数据可以作为下次活动的参考数据。太过重视粉丝增长是非常片面的，比如，做有奖活动的时候，粉丝会增长很多，但还要看看活动目标定位是否足够精准，增长的用户是否是目标用户。

(6) 进行运营思考。善于思考并能转化执行是每一个优秀的运营人员必备的品质。运营不是上网看几篇文章就能学会的，它更多的是一种解决问题的能力。在运营社群的时候，要定期对微信运营过程中遇到的问题进行分析。如果遇到自己不能解决的问题，一定要和别人多交流。

2. 做好内容规划

很多运营人员做微信公众号运营都是“瞎做”，内容发布没有目标，用户完全不知道公众号的定位是什么，提供什么样的内容与服务。

在开始运营一个微信公众号之前，要做好整体的内容规划，并遵循严格执行与不断优化的原则，让用户形成阅读习惯。

（1）内容宜精不宜多，用户看的是质量。目前，市场上的手机型号有很多，屏幕大小参差不齐。如果每天发布的条数太多，会影响整体的阅读体验，让用户产生抵触心理。数据显示，一篇主文搭配 2～3 篇副文效果最佳。一篇好文章可以源源不断在朋友圈传播，为你带来粉丝；如果内容不好，再多的数量也带不来多少粉丝。质量决定成败，数量反而在其次。

（2）微信公众号的运营要有自己的特色。如果你的微信公众号总是模仿和抄袭别人，是很难做起来的。一定要找准自己的核心价值，为用户提供独特的内容，同时还要使用不同的风格。

（3）如果没有其他原因，发布的内容不宜过长。当今社会是“快餐”式社会，不管做什么事，人们都希望快一点，不愿意浪费时间。如果发布的文字过多，用户看了半天还没弄明白是怎么回事，自然也就不会继续往下读了。发布文章时，最好控制好字数，通过一些简练的语言，将自己要表达的意思表达出来。

图文信息的打开速度会影响用户阅读率。如果没有特殊的需求，文字要控制在 800～1200 字，图片最好不超过 3 张，图片大小要控制在 50K 以下，视频不要超过 3 分钟。

（4）借势传播要严格标配。企业公众号的粉丝一定要跟自己的品牌风格相符，而且绝大多数应该是老客户。如此，企业公众号才可以用来传递品牌文化、维护客户关系、发布活动促销通知、组织微信互动。

鼎言钧语

在进行社群运营的过程中，充分展示自己，找到认可自己的人，远比找到你认可的人要重要得多。社群人格化后，会真正变为低成本、高收益的模式，没有别的模式可以比肩。

构建自己的品牌社群

卡萨帝是全球高端家电品牌，主要为用户提供人性化的家电产品。

为了进一步给用户带来高端体验，从2014年开始，卡萨帝在全国共开设了100多家体验店——创艺生活馆，不仅通过“体验家”将高端生活方式全方位落地，还实现了从卖产品到为高端用户提供高端生活方式的转变，是一个集品牌中心、口碑中心、服务中心、交互中心等于一体的生活方式体验平台。

卡萨帝在全国布局的百余家创艺生活馆，以生活方式体验平台和精英圈层交互平台为主打项目，将高端人群细化为四大类，并为每类群体量身定制了针对不同的生活方式的解决方案。不管是中产阶级进取者、时尚狂热者，还是高消费楷模、核心高消费买家，都能在这里找到与自己生活节奏相契合的生活方式，获得高端化、艺术化的生活体验。

此外，创艺生活馆还推出了西式烘焙课堂、电商O2O体验、产品销售中心等互动模块，不断整合区域内极具优势的高端异业资源，打造出了极具地方特色的本地高端生活方式生态圈。同时，它还利用体验中心搭建起了区域高端人群的生活方式体验平台，为周边社群的线上召集、线下体验提供了交互场所。

资料显示，在卡萨帝世界级用户榜单中，政界人士、明星大咖、世界冠军及各行业专业人士都纷纷上榜，每位高端用户的加入，都是卡萨帝搭建社群生态的缩影。

卡萨帝与用户持续深入交互，如今已逐渐形成了庞大的用户社群体系，社群经济给用户带来的价值也日渐凸显，卡萨帝赢得了全球千万高端用户的信赖与喜爱。

从体验店建店标准来看，卡萨帝秉承高标准建店的原则，将人口、经济、周边环境、场地要求、运营能力都看作是自己构建高端生活方式体验平台的重要因素。其中，卡萨帝最大的创艺生活馆坐落在青岛繁华的台东商圈，面积达450平方米，卡萨帝打造了一座迷你“生活综合体”，为岛城高端用户搭建起一处集社交、购物、体验于一体的综合性购物平台。

体验经济时代，产业发展的驱动力已经不再是单纯的产品技术及其带来的产品销售规模变化了，用户成了驱动产业创新的最大力量。卡萨帝不仅揭开了家电企业践行体验经济的序幕，还代表了整个产业回归理性的方向，实现了多方共赢。

那么，如何建立自己的品牌社群呢？

一、社群的建立

如何建立社群呢？通常要考虑以下几个关键要素。

1. 相似的文化价值

组建社群的时候，要找到与自己有相似文化价值观念的人，也就是“志同道合”的伙伴。他们要坚信品牌就是能盈利，而且要认同品牌这种盈利模式，如果连要运作的品牌都不相信，自然无法在以后的道路上一起并肩作战。

2. 拥有共同的利益

要有共同的盈益空间，要让群成员明白你们的共同利益在哪里，如此才能激励大家一起前进。

3. 频繁友好的互动关系

品牌代理是你的事业合作伙伴，要和他们建立良好的关系，多关心他们。现在微信平台的品牌代理大多数是“90 后”，“90 后”的明显特征就是：你让我不爽，我就走。如果连自己的代理都不关心、不了解，对方自然会离开你。

4. 150 个人的社交直径

人的欲望都是无限大的，可是如果想与同一个社群的人产生深度联系，就要将社群人数保持在 150 以内，然后想尽一切办法为他们提供优质的服务。

二、维护社群

建立好社群之后，就要对其进行维护了。

1. 提供共同的价值

建立社群之后，企业就要为自己的社群提供共同价值。社群的共同价值包含为群成员提供学习的机会，为他们介绍赚钱的方法和技巧，为他们提供一些力所能及的帮助……如此，社群的价值才能得到提升，社群才能越走越远、越走越好。

2. 树立一个榜样

众所周知，榜样的力量是巨大的。在学习中，设立一个榜样可以鼓舞我们积极进取；在工作中，设立一个榜样可以让我们不断完善自己，取得极佳的工作效果……同样，在社群中，也要树立几个优秀的榜样，让那些有能力的人闪闪发光，去照亮那些还在前进路上的小伙伴，为他们树立一个标杆。

3. 给大家信心

经营团队的时候，要想让大家齐心协力一起努力，管理者通常要给大家信心，鼓励大家不断努力。有了信心，成员才会相信自己、相信他人，才会发挥出自己的潜能。

同样，创业者都是孤独的，需要持续不断地给予他们鼓励和信心，要让他们知道，你们是一个群体；要让他们知道，自己的路在哪里，自己的梦想在哪里。

鼎言钧语

社群的运营是一种状态，要通过学习找到社群成功的关键要素，让它向好的方向发展，没有一劳永逸的事情。早餐不吃，体能就会下降，不是说昨天吃了，今天就不吃，而是要有持续输入才会有持续输出，社群也是一样。持续经营的关键，就是让它呈现良好的态势。

轻松玩转社群经济

在移动互联网中，朋友圈之间的朋友关系主要是通过某种纽带连接在一起的。粉丝、社群、众筹、社会化营销，都自2014年起彻底爆发。各种社群化的经济行为、模式、玩法被不断创新尝试。

面对这种热潮，相信大家都按捺不住，都在琢磨该怎么才能参与进去。其实，要想玩转社群经济，只要掌握好以下三点即可。

1. 不断吸引粉丝

社群经济的基础是粉丝。那么，如何吸引粉丝呢？

（1）成为专家。人们大都喜欢听专家的话，因此专家的说服力很强。当然，这里面有一个核心要素，就是领域内的专家。要想聚集粉丝，必须先成为领域内的专家。只有苦练基本功，勇攀领域顶层，才有机会成为众星所捧之月。很多人会说，我就是个普通人，很难成为专家。其实，想成为专家一点都不难，难的只是你专注的态度与决心。所以，成为领域内的专家，是建立社群的关键点。

（2）做好内容。内容即广告。只有持续不断地提供有营养价值的东西，粉丝才会持续关注你。当关注成为习惯，粉丝就会形成思维定势，他就成为你的人了。内容为王，这是核心点。

2. 学会养粉丝

吸引来了粉丝，就能转化为经济效益了吗？切勿心急，一定不能短视。

（1）切勿贪多，要聚焦。在深度培养粉丝的过程中，不要想着让全世界人民都追随你，只要找到真正喜欢你的人即可。社群的成长不在于大小，不在于粉丝多少，而在于质量。在聚集粉丝的过程中，要有意识地选择核心用户，不要贪多，要的是精华。

（2）加强互动。只有明星贴近粉丝，粉丝才会更贴近他。虽然线下活动是必须的，但互动是一种相互的行为，是主动的行为，不是被动的。培养参与感才是互动的核心。只有提高参与的积极性、主动性，才会形成原动力。

（3）把握核心，做运营。社群的价值在于运营，一群人聚集起来之后可能是乌合之众，也可能做成大事，最重要的是他们干什么。要明确知道把这群人聚起来要干什么，比如做培训、做自明星，或是做互联网。

3. 实现粉丝转化

在将粉丝转化为经济利益的过程中一定要注意把握分寸，靠牺牲信誉来换取利益是非常不明智的。

（1）懂得分享。任何一个人都喜欢与懂得分享的人交往，社群也是。如果你从来都不和群成员分享知识、感受、体验，他们就会冷落你，继而远离你。可是，如果你懂得分享就完全不一样了。因此，要舍得与粉丝分享好的东西，做到你情我愿，各取所需。

（2）学会换位。粉丝是需要维护的，虽然我们需要赚取商业利益，但不能一直站在自己的角度思考问题，一定要站在粉丝的角度思考。

笔者自己的东方西点军事夏令营，已经创立十余年时间。传统教育机构都是报名交全款，达成成交比较难，而笔者换位思考，对所有客户统一接待，先收定金，形成了竞争优势。

鼎言钧语

PC互联网时代的社群，主要的形态是社区，比如天涯社区等。可是，到了移动互联网时代，互联网就成了你我身体的一部分，是肢体和思想的延伸。人人皆媒体的时代，有魅力人格的人和事就容易凸显出来。在社交红利时代，谁懂得社交，懂得传播，谁就能掌握商业先机。

第十章
寻找催生建设中国好社群

互联网有着无限的连接性，能够将具有相同价值观、相同兴趣爱好、相同想法的人聚到一起。互联网将整个世界摆在了你面前供你挑选，因此，“相见恨晚”的感觉也就越来越少。对于社群运营来说，再小的个体，也可以建立自己的社群。

蜂族 360——社群经济时代的先行者

随着社群经济深入发展、遍地开花，现有的社群工具和平台一定会发生改变和质的升级，会有大量新工具产生，会对现有的豆瓣、知乎，包括信息分类平台发起挑战。原因非常简单，人们需要更精准、更低成本、更高效率地获取信息。

草根创业者怎么白手起家？怎么迅速开发客户？如何高效传播自己的品牌或服务？如何提高客户黏性？如何和客户成为朋友？如何让客户信任你、依赖你？如何让客户自动传播和推荐你？蜂族 360 正在践行。

经过一年零三个月的设计，2017 年 1 月蜂族社群平台出现在了人们的视野中，旨在从微信群交易和社群发布入手，推动社群经济发展。

蜂族 360 是微信群交易平台，它开发了一款社群价值计算器，免费为用户提供目前市面上先进的换微信群工具。用户只要关注微信公众号"fengzu360"，就可以直接体验，每天都能换取上万份微信群信息。

创业者的时间都很宝贵，创业者直接购买社群，直接转让群主，就可以便利得到更多更宝贵的群资源。如果你是一名业务员，一天最多拜访 10 个客户，就算天天都是工作日，一年也只能拜访 3650 个客户。而通过蜂族 360 一天交换或购买 5 个大群，你瞬间就可以节省 360 天的时间，也就是 8640 个小时，工作效率大大提高。

同时，蜂族 360 还引爆了一个崭新行业，给中国千万在校大学生、宝妈，以及想提高收入的家庭，提供了一个轻松赚钱的渠道。只要将自己的群发布在平台上，上传你的社群画像、群二维码及其他要素，就能像卖房子那样在平台自由出售你的群，轻松赚取额外收入。平台上的专业群价值计算器，会自动给你计算出一个相应的群价值，这令买卖双方更容易达成信任、交易更轻松。

目前，蜂族 360 正处于积累用户阶段，相信未来定然能够为更多的人提供方便。

互联网降低了人与人连接的成本，社群则降低了人与组织、组织与人的直接连接成本，欢迎关注社群发展的投资人加盟蜂族 360，共创伟业。

鼎言钧语

未来的社交是从一个社群到点对点的社交。我相信这是一个机会，不知道谁能把握它。

载体创新，社群常青

随着移动互联网快速发展，社群经济被推上了风口浪尖。在碎片化时间中实时沟通成为常态，粉丝、粉丝经济、移动社群等概念正成为新一波热点。一时间，人人都在谈“社群”，而如何保持社群生命力却成为难题。

在这样一个“社群已死”“逃离微信”“群聊多如牛毛”的时代，如何让你的社群做到不死；如何才能积极发挥创造力，让你的社群保持常青；这是每个企业都应该考虑的问题。

一、为什么社群这么容易“死”

1. 时间不多，精力不够

互联网产品的核心使命是无限接近真实生活。可是，任何人都不会一直高度投入到社群活动中，因为每个人的时间与精力都不允许。在 8 小时之外，人们还要有和家人相处的时间、阅读的时间、运动的时间……尽管有些功能会被社交网络替代，但也不能因此放弃了最基础的生活需求。

2. 需求没有被满足

不管是 QQ 群，还是微信群，其存在形式并不重要，重要的是大家为何要聚在一起。其中，最重要的枢纽就是“需求”。有人想交流，有人想学习，有人就是为了抢红包……一旦加入一个群，成员就会对他人期待更多，或对社群期待太多。成员的若干需求长时间没有得到满足，他很可能就会退群。

3. 基业常青的自组织很少

自组织是自由人的联合：自组织、自服务、自约束、自修复、自发展……我们总是期待着自己能够找到同自己相似的人，能够找到站出来主动提供服务的人，能够找到提出或主动遵守规则的人……然而往往事与愿违，自组织总是难以为继。

二、这些办法，准能帮到你

1. 被连接

《罗辑思维》中提出过一个概念：被连接的价值。在罗振宇看来，每个人都想建立连接，尤其是想跟名人、有能力的人建立连接，比如经常有人在微博上向罗振宇表忠心，表示誓死追随他。

同样，被连接的心理也适用于社群运营。现在，线上已经涌现了无数个自称是“社群”的组织，但衡量谁真正有价值的标准就是被连接的次数与深度。如今，《罗辑思维》已经获得了柳传志、雕爷、乡土乡亲茶店、图书出版商、百度贴吧等诸多企业和投资人的关注，这就是《罗辑思维》被连接的价值，被连接越多、越深，价值越大。

2. 参与感

抢红包、玩游戏是很多社群的人气法宝。许多潜水者只有在“抢红包”的时刻才会浮出水面。但仅靠这种方式来聚集人气，是很难长久地维持一个社群的生命力的。

同样是参与感，却可以有不一样的玩法。比如，小米成功后，粉丝经济和互联网思维似乎成了小米的代名词，而小米社区就是一个典型的产品型社群。它不仅成功地将用户吸引到产品讨论与创造中，还亲手制造了产品参与感，增加了粉丝活跃度。“为发烧而生”更让每个“米粉”有了归属感。

3. 被服务

很多人之所以要退群，很多社群之所以会不了了之，其中一个重要的原因就是成员的需求没有得到满足。在一个社群中，用户如果能够感受到专享服务，社群的吸引力可想而知。

2013 年 11 月，中信银行信用卡中心用“开放性关系链”和朋友圈的概念打造出了一个基于个人和伙伴联结、互动的生态圈——章鱼粉丝团。

章鱼粉丝团在百度贴吧正式注册官方讨论吧，命名为“章鱼卡吧”，主要为中信客户提供金融知识普及、信用卡设计互动、信用卡服务体验和线下活动等特权。建立两个月后，章鱼卡吧粉丝数就突破了45 万，粉丝数量每天都在高速增长。

后　记

我的社群经济梦：草根精英行

酒逢知己千杯少，运作社群不怕兄弟多。

如今是一个变革的时代，天使投资机构越来越多，创业社群越来越多，社群运营也就变得重要。运营社群，草根也可以，几千万人的微商大军就是很好的例子。

中国很大，不只北上广有社群，更多的社群位于二三线甚至四线城市。这里鲜有天使投资机构，也鲜有媒体关注，人们之间的交流也是少之又少。

运营社群的首要工作不是投资，因为拿到外部投资的总是少数，它真正的使命是连接大江南北的草根，连接他们的心跳，连接他们的大脑。借助社群的力量，即使是草根也可以请来知名的企业家、创业者、经济学家，为自己上课、谈心、“洗脑”。

小微经济体是经济社会的基本单元，改变它们的生态，就是改变中国。

1. 选择比努力更重要

草根创业者通常混迹于各行业产业分工的微观链条里，没有人会在意他们的存在，他们总是感觉有力无处使，虽然努力了但依然看不到未来。可是，即使是白手起家，有些企业家也能潜龙腾渊。除了依靠自身的努力外，更重要的是他们懂得选择，懂得选方向、选人才、选市场。不懂选择，即使付出再多，也只能将土耕深半尺。

社群把创业者聚在一起，提供了一个跨地域、跨行业、跨年龄、跨贫富界限的交流平台，可以让创业者学习到更多有用的经验，也可以让创业者从别人的教训里得到启发，向优秀的人学习，并且彼此分享。

我们虽然无法选择自己的出身，但可以自主地选择道路。通过努力提高成功的转化率，少犯错就是大进步，做正确的事就是做未来的事。靠力气吃饭的人是普通人，靠智慧吃饭的人才能成为老板，有勇有谋方成大器。

2. 社群运营的核心在于思想

只有思想活跃，才能突破自己，放大创业格局，更上一层楼。只有找到适合自己的方式，找到给自己的思想充电的组织，草根创业才会更有激情，对未来的谋划更准确。

运营社群不仅要创造物质财富，更要创造精神财富。草根创业者的每一步奋斗都是不断成长的过程，要学着让财富随着思想的成长而成长。

《孙子兵法》有云："上兵伐谋。"对于草根创业者来说，运营社群如同人生的一场战斗，只有让自己更具思想性，让行动更具颠覆性，才能赢下社群运营的大战。

我的使命：帮助创业者玩转社群经济，使他们人生更成功，更幸福。

我的梦想：研发先进的社群工具、传播先进的社群理念、推进社群经济高速发展，通过社群传播正能量。

寻找中国好社群，让更多的人找到自己真正的归属，事业更成功，家庭更幸福。

用社群经济助推中国梦的实现，让全世界对中国人刮目相看。

最后感谢写本书时，启发我对社群经济深度思考的好朋友徐赛阳和王家俊，感谢在出版过程中，不辞辛苦校对的编辑，感谢合作的出版社，感谢生我养我的父母！

王鼎钧

2017 年 7 月